Ilse Gutjahr | Erika Richter

Reste sind das Beste
Verwenden statt Verschwenden

*Verschwendung ist kein Kavaliersdelikt.
Niemand hat das Recht, sich mehr zu nehmen,
als er braucht.*

*Sebastian Dalkowski
Journalist, Autor*

Ilse Gutjahr | Erika Richter

Reste sind das Beste
Verwenden statt Verschwenden

Auf den Seiten 8/88/181/182/199 sehen Sie wunderschöne Gemütesträuße. Diese wurden von unserer Hobbyköchin Gajane Maier anlässlich unserer Gesundheitswoche geschnitzt, in der wir unsere Gäste von morgens bis abends verwöhnen.
Das Gemüse wurde nicht verschwendet, sondern verwendet ... und zwar zu Kräutersalz verarbeitet.

ISBN 978-3-89189-221-3
1. Auflage, 2017
© 2017 by emu Verlags- und Vertriebs-GmbH, Lahnstein
Alle Rechte, auch die des auszugsweisen Nachdrucks,
der Verbreitung in elektronischen Medien
und der Übersetzung vorbehalten.

Umschlaggestaltung: Kösel Media GmbH, Krugzell
Fotos: Beate Steichele/Gajane Maier/Ilse Gutjahr/Gerhard Bessler/pixabay.com
Gesamtherstellung: Kösel, Krugzell

Inhaltsübersicht

Achtung und Dankbarkeit 9
Wer war Dr. med. Max Otto Bruker (1909 – 2001)? 15
Von Apfel bis Zwiebel – Tipps und Tricks 19
Sie war streng, aber gerecht – Stimmen zu Erika Richter 41
Unentbehrliches aus Erikas Wunderkiste 47
Frischkost voraus! 67
Salatsoßen 73
Allerleisalat – ein Mix aus Frischem und Gekochtem 89
Suppen 101
Soßen für gekochte Speisen 119
Warme Mahlzeiten 129
Kartoffel – Die tolle Knolle 153
Das Paradies der Bratlinge – Frikadellen – Medaillons 167
Brotaufstriche 183
Süßes 193

Rezepte

Unentbehrliches aus Erikas Wunderkiste 47
Großmutters Gemüsebrühe 48
Harissa – ein Rezept aus Marokko 51
Kräutersalz 51
Peperonisalz 52
Ketchup I 54
Ketchup II 55
Ketchup III 55
Meerrettichaufstrich/ Meerrettichwürze 56
Senf 57
Einlegen von getrockneten Tomaten 58
Gurken einlegen 60
Sauerkraut 62
Pesto 64

Frischkost voraus! 67
Frischkornbrei/ Frischkorngericht 68

Salatsoßen 73
Frankfurter grüne Soße 74
Orangen-Zitronen-Soße 75
Grundsoße für Salate 76
Gerstenremoulade 77
Cashew-Remoulade 78

Frischkost-Kombinationen 79
Feldsalat mit Kartoffelsoße 81
Feldsalat mit Linsen 82
Möhren-Lauch-Frischkost 84
Waldorfsalat 85
Weißkohlsalat 86

Allerleisalat – ein Mix aus Frischem und Gekochtem 89
Buchweizensalat 90
Hafersalat 91
Hirse-Pilz-Salat 93
Bunter Kartoffelsalat 95
Kartoffelsalat mit Schmand 96
Westerwälder Kartoffelsalat 97
Orient-Salat 98

Suppen 101
Dicke Suppe 103
Rumfortsuppe I 104
Rumfortsuppe II 105
Apfelsuppe 106
Basilikumsuppe 107
Brokkolisuppe 108
Brotsuppe 109
Flädlesuppe 110
Harera – eine marokkanische Suppe 111
Kartoffelsuppe mit Mangold 112
Kürbissuppe 113
Markklößchensuppe 114
Möhrensuppe 115
Paprikasuppe 116
Radieschenblättersuppe 117

Soßen für gekochte Speisen 119
Béchamelsoße 120
Champignoncremesoße 121
Pikante Lauchsoße mit Äpfeln 122
Rahmsoße 123
Spargelsoße 124

... was rumliegt, muss fort ...

Tomaten-Apfel-Soße 125
Italienische Tomatensoße 126

Warme Mahlzeiten 129
Couscous 130
Blumenkohl 132
Dicke weiße Bohnen 133
Mandeldip/Hummus 134
Reispfanne mit Gemüse 135
Gemüsetorte 136
Hokkaido vom Blech 137
Leberknödel … ohne Leber 138
Möppken-Schnitten 139
Pfannkuchen 141
Sauerkrautauflauf 142
Sauerkrautbällchen 143
Semmelknödel 144
Sieben auf einen Streich 146
Südtiroler Pizza 148
Gefüllte Zucchini 150

Kartoffel – Die tolle Knolle 153
Deppekoche 154
Kartoffelklöße 157
Kartoffelkroketten 158
Kartoffelkuchen 159
Kartoffelpizza 160
Kartoffelplätzchen 161
Kartoffelspatzen 161
Reibekuchen 163
Westfälische Reibekuchen 164
Rösti 165

Das Paradies der Bratlinge – Frikadellen – Medaillons 167
Brotbratlinge 168
Erbsenbratlinge 169
Falafelbällchen 170
Falscher Hase 172
Haferbratlinge 173
Karottenbällchen 174
Kartoffel-Gemüse-Medaillons 175
Kartoffel-Reis-Bällchen 176
Linsenbällchen 177
Spitzkohlbratlinge 179
Pilzfrikadellen 180

Brotaufstriche 183
Apfel-Zwiebel-Schmalz 184
Kunterbunt 185
Mandelmett 186
Walnusspaste 187
Wirsing im Brandteig 188
Restebrot 190

Süßes 193
Bananenreste 194
Krokant 196
Eis 197
Erikas Erdbeer-Eis 198
Resteverwertung … 200
Frischkornkuchen 70

Der Haushalt ist der beste, in dem man nichts Überflüssiges will, nichts Notwendiges entbehrt.

*Plutarch (46 – 125)
Römischer Schriftsteller*

Achtung und Dankbarkeit

Laut einer WWF-Studie werden in Deutschland jährlich mehr als 18 Millionen Tonnen Lebensmittel weggeschmissen. Dazu gehören Produkte, die das Mindesthaltbarkeitsdatum überschritten haben oder es aus optischen Gründen nicht in den klassischen Handel schaffen.

DER SPIEGEL 7/2017

Jährlich werden in Deutschland 500 000 Tonnen Brot vernichtet. Damit könnte im gleichen Zeitraum ganz Niedersachsen versorgt werden.

„Die Essensvernichter", Stefan Kreutzberger/ Valentin Thurn, KiWi 2015

Der Bio-Bäcker Roland Schüren aus Hilden heizt mit altem Brot zugunsten seiner Ökobilanz.
Aber darf man das?

Titel eines Berichts in „Chrismon plus" 8/2012

Liebe Resteverwerter,

jeden Monat landen zwölf Tonnen nicht verkaufte Backwaren wieder in der Backstube von Bäcker Schüren, obwohl er den Anteil daran seit 2009 von zwölf auf neun Prozent verringert hat. Das Brot verkauft er am Folgetag günstiger. Danach decken sich gemeinnützige Tafeln kostenlos ein. Erst jetzt kommt die Brotheizung ins Spiel. Ein Energieberater brachte ihn auf die Idee, das Brot zu verheizen. Aber darf man das wirklich? 12 000 Kilogramm Brot jeden Monat einfach verheizen? Müsste die Produktion nicht so kalkuliert werden, wie jeder Bäcker es früher konnte? „Den Zwängen der Marktwirtschaft, ‚dem Automatismus des Marktes' kann ein Unternehmen sich nicht verschließen", sagt Roland Schüren. Die Angst, der Kunde könnte zur Konkurrenz abwandern, ist größer als die Moral.

Wir leben in einem Zeitalter des Ernährungswahnsinns. Das ganze Gedöns ums Essen ist die neue Religion. Wo sind die handfesten Mahlzeiten meiner Kindheit geblieben … Stampfkartoffeln mit in Butter gebratenen Zwiebelringen, deftige Eintöpfe mit gerösteten Brotwürfeln als Zugabe (heute Croutons genannt), im Winter mindestens einmal in der Woche ein Riesentopf voll Sauerkraut, Kartoffelpuffer mit Apfelmus, tellergroße Pfannkuchen auf Platten im Dutzend und mehr gestapelt …

In der Nachkriegszeit saßen mindestens 14 Menschen an unserem Tisch, inclusive zwei Flüchtlingen, die später ihre Angehörigen nachholten. Gemüse, Obst und Kräuter kamen aus dem eigenen Garten, der von meiner Großmutter perfekt bewirtschaftet wurde. Die Ernte war immer eine mit Arbeit verbundene Freude. Brot wegschmeißen? Das war geradezu eine Gotteslästerung, denn wir beteten ja noch „Unser täglich Brot gib uns heute".

Kindheit mit festen Essenszeiten und zu achtenden Traditionen, das war Standard in jeder Familie. Die Enkelkinder meines Jahrgangs (1940) sind die fünfte Generation, die der Nahrungsmittelindustrie aus der Hand frisst. Fertigprodukte der Konzerne verführen/erziehen zum Einheitsgeschmack = Fast Food (Schnellessen).

Bereits 1993 berichtete der Südwestfunk Baden-Baden unter dem Titel „Vom armen Ritter zum Heißen Hund. Über die fatale Lust am schlechten Essen". Zu Beginn der Sendung heißt es: „Kaum dem Hipp- oder Alete-Gläschen entwachsen, sitzen sie schon bei Burger King oder McDonald's. Die Selbstverständlichkeit, mit der sich Kinder und Jugendliche in den Hamburger-Filialen bewegen, ist Gegenstand zahlreicher kluger Betrachtungen über die Jugendkultur." O-Ton eines in dieser Sendung befragten Mädchens: „Ich ess immer das Gleiche, Hamburger, grundsätzlich. Das ist so einfach. Kann man gleich reinbeißen."

… was rumliegt, muss fort …

Keiner wertete und wetterte so entschieden dagegen wie der Esskritiker Wolfram Siebeck (1928 – 2016): „Selbstverständlich verdummt der Konfektionsfraß die Jugend. Wer ausschließlich mit Kartoffelchips, Schokoriegeln, Peanuts, Pizza, Limo, mit tiefgekühlten Fertigmenüs und doppelt dicken Hamburgern aufwächst, der wird gegenüber den subtilen Nuancen einer verfeinerten Küche unempfindlich. Der Verzicht auf Nuancen aber ist der erste Schritt zur Dummheit – auf allen Gebieten." Siebeck wurde nicht müde, immer wieder vor der Verarmung des Geschmacks zu warnen.

Mit diesem Buch geht mein Dank an meine Kollegin Erika Richter (1935 – 2017). Ihr geistiger Lehrer war der Arzt Dr. Max Otto Bruker. Sie kam zu ihm, weil sie schweres Rheuma hatte.

Als Köchin und Kaltmamsell führte Erika Richter die Praxis-Seminare in der Lehrküche des Dr.-Max-Otto-Bruker-Hauses in Lahnstein von 1993 – 2010 durch. Sie war bienenfleißig, ideenreich, witzig, manchmal streng, eine sparsame Wirtschafterin, aber ein Kumpel, mit dem man Pferde stehlen konnte. Sie hatte ein großes Herz. Ihr verdanke ich viel.

Reste von Mahlzeiten, Brot, Gemüse, Obst, Kräutern wegwerfen? Sie konnte toben, wenn sie jemanden dabei erwischte.

Eine Seminarteilnehmerin sagte mir: „Wenn in Ihrer Lehrküche einmal etwas fehlen sollte, sei es ein Topflappen oder andere Dinge, fragen Sie zuerst Frau Richter. Die hat bestimmt noch eine Suppe daraus gemacht."

Wer hat uns so verrückt (gemacht), dass immer mehr Menschen Angst vor Bakterien, Mikroben, Toxinen haben, ja sogar vor ganz normalem Essen, das sie selbst zubereiten? Gemüse und Obst werden gewaschen, geschrubbt, geschält. Eine Leserin schrieb, sie habe gehört, dass Wurzelgemüse Mikroben enthalte, die sogar im Inneren des Lebensmittels sitzen. Vorsichtshalber schält und kocht sie deshalb doch lieber alles. Damit gehen jedoch wertvolle Vitalstoffe (biologische Wirkstoffe) verloren, die gerade die unerhitzte Frischkost bietet, die ja unsere Abwehrkräfte stärken.

Wir Alten können noch von unbeschwertem Essverhalten in Kinderzeiten schwärmen. Wir zogen Mohrrüben und Radieschen aus dem Boden, wischten die daran haftende Erde im Gras oder an den Kleidern ab und verzehrten sie mit Genuss – auch wenn der Sand zwischen den Zähnen knirschte. Alles, was im Garten einigermaßen erntereif war, wurde verputzt. Obst waschen? Das gab es gar nicht, sondern frisch vom Baum und Strauch wurde es gegessen. Magen-Darm-Infekte? So etwas kannten wir auch nicht. Trinken? Wenn wir Durst hatten, wurde er am Wasserhahn gestillt. Heute werden Kinder ständig zum Trinken angehalten. Dadurch wird ihr natürliches Durstempfinden abgeschafft.

Wir leben in einer verrückten Welt. Was können wir ändern?

Wir werfen vor allem ab sofort keine Lebensmittel mehr weg – nicht den kleinsten noch essbaren Rest. Es ist ein Verbrechen wider die Natur, die uns doch ernährt! Umwelt fängt zu Hause an. Fangen wir außerdem damit an, dankbar zu sein für alles, was wir wertschätzen und selbst gestalten dürfen. Dazu gehört auch das gute tägliche Essen, denn die Gesundheit beginnt am Herd.

Schon vor längerer Zeit setzte ich Erika Richter den Floh ins Ohr, noch einmal gemeinsam ein Buch zu machen – unser drittes. Pfiffige Ideen und Rezepte hatten wir genug gesammelt. Kurz vor ihrem Abschied von dieser Welt segnete sie mit Freude den Titel „Reste sind das Beste" und das Inhaltsverzeichnis ab. Nun hat sie mich damit allein gelassen. Erika, ich hoffe, Du bist mit dem Ergebnis zufrieden – und Sie, liebe Leser, auch.

Lahnstein, September 2017
Ilse Gutjahr

Mein „Restetester" Mathias und ich

Als wir noch unsere Hunde hatten – innerhalb von 23 Jahren zwei Neufundländerinnen: Halva zuerst, danach Bella –, bekamen diese natürlich vollwertiges Futter, oft genug Reste von unseren Mahlzeiten, die wir in der Menge großzügig zubereiteten.

… was rumliegt, muss fort …

Seit 2016 leben wir hundefrei und bemessen die Einkaufs- und Zubereitungsmengen genauer. Die Resteverwertung ist für uns kein Problem. Frischkostreste können bis zur nächsten Mahlzeit (gut zugedeckt und kühl) aufbewahrt werden.

Reste von gekochten Speisen gibt es abends oder am nächsten Tag noch einmal. Sie werden mit Kräutern/Gemüse/Obst verschönt und gewürzt.

Manch ein Gemüse- oder Kartoffelgericht kommt als Restesuppe auf den Tisch.

Nudeln, Pellkartoffeln, Klöße lassen sich gebraten noch einmal neu erfinden.

Bratlinge sind eine gute Möglichkeit, schlappes Gemüse, das für frische Salate nicht mehr knackig genug ist, ideenreich zu verarbeiten. Sie schmecken auch kalt … mit Senf, Ketchup, Meerrettich … oder als Brotbelag oder als Suppeneinlage.

Eigentlich brauchen Sie dieses Buch nicht, wenn Sie die oben genannten Tipps berücksichtigen. Andererseits finden Sie auf 203 Seiten zahlreiche Anregungen gegen das Wegwerfen … das endlich aufhören muss!

Viel Spaß beim Ausprobieren.
Ilse Gutjahr

Hersteller bieten allein in Deutschland 170 000 Nahrungsmittel an, viele davon wurden in den Laboren nur einiger weniger Großkonzerne erfunden. Von der Öffentlichkeit weitgehend unbemerkt, hat sich Big Food auf der ganzen Welt ausgebreitet und verdrängt zusehends traditionelle Lebensmittel.

Jörg Blech in
„Schmeckt's noch?"
S. Fischer Verlag, 2017

Eine einfache Küche
macht das Haus groß.

Sprichwort aus Frankreich

Wer war Dr. med. Max Otto Bruker (1909 – 2001)?

Dr. Bruker war ein erfolgreicher Arzt für Innere Medizin (Internist), Ernährungspionier und langjähriger Leiter biologischer Krankenhäuser. Er gilt als Wegbereiter einer ursächlichen Heilbehandlung von Krankheiten anstelle der üblichen symptomatischen Linderungsbehandlung. Berühmt wurde er durch seinen Jahrhundertklassiker „Unsere Nahrung – unser Schicksal", 50. Auflage 2018. Er war der erste Arzt und Autor, der unermüdlich die vitalstoffreiche Vollwerternährung in Klinik und Praxis publik machte.

Die Mehrheit aller Krankheiten sind nach Dr. Brukers jahrzehntelanger klinischer Beobachtung *ernährungsbedingte Zivilisationskrankheiten*.

Sie entstehen durch Fehlernährung mit Fabrikzuckerarten, Auszugsmehlprodukten sowie Fabrikfetten (Margarine, raffinierte Öle).

Dazu gehören:
1. der Gebissverfall, die Zahnkaries, die Parodontose und Zahnfehlstellungen. Letztere als Folge der Ernährungsfehler der vorigen Generationen.
2. die Erkrankungen des Bewegungsapparates, die so genannten rheumatischen Erkrankungen, die Arthrose und Arthritis, die Wirbelsäulen- und Bandscheibenschäden.
3. alle Stoffwechselkrankheiten wie Fettsucht, Zuckerkrankheit, Leberschäden, Gallensteine, Nierensteine, Gicht usw.
4. die meisten Erkrankungen der Verdauungsorgane wie Stuhlverstopfung, Leber-, Gallenblasen-, Bauchspeicheldrüsen- sowie Dünn- und Dickdarmerkrankungen, Verdauungs- und Fermentstörungen.
5. Gefäßerkrankungen wie Arteriosklerose, Herzinfarkt, Schlaganfall und Thrombosen.

6. mangelnde Infektabwehr, heute Immunschwäche genannt, die sich in immer wiederkehrenden Katarrhen und Entzündungen der Luftwege, den so genannten Erkältungen, und in Nierenbecken- und Blasenentzündungen äußert.
7. die meisten so genannten Allergien.
8. manche organische Erkrankungen des Nervensystems.
9. Auch an der Entstehung des Krebses ist die Fehlernährung in erheblichem Maße beteiligt.

Für diese klaren Erkenntnisse wurde Dr. Bruker jahrzehntelang von der Nahrungsmittelindustrie und deren Interessenvertretern, aber auch von seinen Standeskollegen heftig angegriffen.

Inzwischen hat sich die Situation dramatisch verändert. Das Münchner Magazin FOCUS bilanziert in 25/2017: „Die Weltgesundheitsorganisation schätzt, dass 50 – 70 Prozent aller chronischen Krankheiten ernährungsbedingt sind."

Die Gesundheitsprophylaxe war Dr. Brukers höchstes Anliegen, deshalb gründete er 1978 die gemeinnützige Gesellschaft für Gesundheitsberatung GGB e. V., bei der an Gesundheitsfragen interessierte Menschen zu ärztlich geprüften Gesundheitsberatern GGB ausgebildet werden. Sie lernen hier alles über Krankheitsursachen und deren Verhütung. Der Schwerpunkt der Ausbildung liegt – neben lebens- und umweltbedingten Themen – im Bereich der verhütbaren ernährungsbedingten Zivilisationskrankheiten.

Über 5000 Gesundheitsberater GGB schlossen bisher ihre Ausbildung in Lahnstein ab.

1994 wurde das Dr.-Max-Otto-Bruker-Haus in Lahnstein bei Koblenz – ein einmaliges „Zentrum für Gesundheit und ganzheitliche Lebensweise" – bezogen. Die GGB-Ausbildungsseminare zum/r ärztlich geprüften Gesundheitsberater/in GGB sowie viele weitere Seminare finden hier statt. In der Lehrküche des Brukerhauses wird die vollwertige Verpflegung für Seminarteilnehmer hergestellt. Die Praxisseminare führen ausgebildete Hauswirtschaftsmeisterinnen/Gesundheitsberaterinnen GGB durch.

Im Brukerhaus befindet sich die Arztpraxis von Dr. med. Jürgen Birmanns. Er ist Ganzheitsarzt für Naturheilverfahren (Kneipp, Homöopathie u. a. m.) und hat sich auf die Verödung von Krampfadern nach der bewährten Methode von Prof. Linser spezialisiert (s. M. O. Bruker „Krampfadern", emu-Verlag).

Dr. Mathias Jung, Gestalttherapeut und Philosoph, arbeitet als Einzel-, Gruppen- und Paartherapeut. Er ist gefragter Gast bei Rundfunk und Fernsehen.

Hassan El Khomri, Psychologischer Psychotherapeut, arbeitet in eigener Praxis im Brukerhaus. Jeden Montag betreut er einen psychologischen Gesprächskreis.

Alle drei Kollegen halten Vorträge im Brukerhaus sowie bundesweit und im deutschsprachigen Ausland.

Der emu-Verlag mit Bücherstube und Naturkostangeboten ist ein weiterer Anziehungspunkt des Brukerhauses.

Eingebettet ist das Gesundheitszentrum im wunderschönen Brukergarten mit Heilpflanzen, Kräuterspirale, Kneippanlage, „Raum der Stille" und angrenzendem „Naturwald".

Es ist ein tragisches Kapitel menschlicher Geschichte, dass der Mensch sich so weit hat beeinflussen lassen, dass er der Nahrung umso mehr traut, je unnatürlicher und künstlicher sie ist, und dass er sich das Misstrauen zu allen Lebensmitteln, wie die Natur sie uns beschert, so fest hat einpflanzen lassen, dass er eher zugrunde geht, als diese Haltung aufzugeben. Dass er dieses Misstrauen zur Schöpfung selbst nicht als unrecht und widersinnig empfindet, ist ein Zeichen dafür, wie weit er sich durch ständige Fehlinformationen seinen Instinkt hat nehmen lassen.

Dr. med. Max Otto Bruker

Von Apfel bis Zwiebel – Tipps und Tricks

Die Kunst des Kochens fängt mit den Resten an.

Tomi Ungerer
Schriftsteller und Künstler
Interview im FAZ-Magazin „Essen und Trinken"
November 2016

Abkürzungen

EL   = Esslöffel
TL   = Teelöffel
PR   = Prise
MS   = Messerspitze
geh. = gehäuft
gestr. = gestrichen
Bd.   = Bund
⟶   = Weiter auf nächster Seite

Äpfel

und Birnen mit Schale und Kerngehäuse essen. Auch die in den Kernen vorkommenden Vitalstoffe, zum Beispiel Spuren von Blausäure, sind gesund. Als Kinder aßen wir alles – bis auf den Stiel.

Aufstrich

Reste von Zwiebelschmalz, Kräuterbutter oder anderen pikanten Aufstrichen in Soßen, Suppen, Aufläufen usw. verarbeiten, Brötchen- oder Brotteigen beimengen – schmeckt sehr gut!

Avocados

nur als Besonderheit verzehren – aus ökologischen Gründen nicht ständig. Der Mammutanbau von Avocados verbraucht zehntausende Liter Wasser; hinzu kommt der energiereiche Transport über tausende Kilometer und die ebenso aufwendige Bearbeitung in der Lagerhaltung.

Wenn Sie darüber mehr erfahren wollen, fordern Sie meinen Beitrag aus der Zeitschrift „Der Gesundheitsberater" Nr. 4/2017 beim emu-Verlag an.

Backtemperatur

heißt, dass der Backofen bereits auf die angegebene Temperatur vorgeheizt ist.

... was rumliegt, muss fort ...

Beeren

verlieren Aroma, wenn sie gewaschen werden. Notfalls nur kurz abspülen. Besonders empfindlich sind Himbeeren. Am besten also unbearbeitet pur essen.

Bio

Die Bezeichnung Bio garantiert im Rahmen der EU-Richtlinien keine Qualität, wie sie bei Demeter-Betrieben, Bioland und wenigen anderen zertifizierten verantwortungsbewussten Anbauern eine Selbstverständlichkeit ist.

Bitterstoffe

Sie kommen in natürlicher Form in Hopfen vor, in Chicorée, Enzian, Endivien, Wermut, Löwenzahn und anderen Gewürzpflanzen, Bitterorangen und anderen Pomeranzenfrüchten, Bittermandeln, Schafgarbe, Kaffee, Artischocken, Gurken, Kürbisgewächsen usw.

Ich erinnere mich, dass in meiner Kindheit das Ansatzstück einer Gurke probiert wurde, schmeckte es bitter, schnitt man das entsprechende Stück ab.

Die heutigen Züchtungen weisen bei Gurken kaum bzw. gar keine Bitterstoffe mehr auf.

2015 berichtete die Presse vom Tod eines 79-jährigen Mannes, der an einer Vergiftung durch den Verzehr eines Zucchinigerichts starb. Es hat nach seinen Aussagen „furchtbar bitter geschmeckt", trotzdem verzehrte er es komplett. Die Zucchini kam aus Nachbars Garten.

Die Pressemeldungen verunsicherten die Bevölkerung, so dass wir lange Zeit Anfragen erhielten, ob Zucchinis zu meiden wären.

Wir raten Ihnen, den gesunden Menschenverstand einzuschalten und gallebitter schmeckendes Gemüse, das eigentlich milde schmeckt, grundsätzlich nicht zu verzehren.

Lassen Sie sich also nicht verunsichern!

Bratlinge

Frikadellen, Medaillons sind der Hit. Man kann alles in sie hineinpacken, was weg muss, trotzdem sehen sie appetitlich aus und schmecken. Sie sind der Star in der Resteküche.

Bratlingmasse

ist auch als Füllung für Kohlrouladen, Paprika, Zucchini, Tomaten usw. geeignet.

Brot

aufbewahren. In ein Leintuch wickeln, in einen lebensmittelechten Speisebeutel stecken, der nicht verschlossen wird. Das Brot muss noch Luft kriegen. Bei Zimmertemperatur oder im Kühlschrank lagern. Oder – wie früher – in einen Steintopf legen oder in einen Brotkasten. Einmal wöchentlich die Brotkrumen ausfegen und den Topf/Kasten mit Essigwasser säubern.

Altbackene Brot-/Brötchenreste nicht wegwerfen. Selbst wenn sie knochentrocken sind, kann man daraus Paniermehl und Semmelbrösel machen, Brotsuppe, Serviettenkloß, kleine Klopse, Knödel, geröstete Brotwürfel (Croutons, Bröckeli usw.).

Brotwürfel in Knoblauchbutter (oder Öl) mit Salbeiblättern, Thymian oder Rosmarin goldbraun braten. Schmeckt köstlich zu Salaten, Suppen oder einfach so als Knabberei.

Hammerbrösel: Über Monate hatte ich Brotreste gesammelt (Papiertüte, Leinenbeutel, Blechdose eignen sich dafür). Sie waren so steinhart geworden, dass ich sie „mit Hammer und Meißel" zerschlagen musste, um die Brocken anschließend im Mixer zu zerkleinern. Wie oben zubereitet schmecken sie wunderbar.

Weitere Alternative:

Alterndes Brot in hauchdünne Scheiben schneiden, auf einem Backblech oder im Toaster goldbraun rösten. Nach Belieben mit Butter oder Aufstrich bestreichen. Ebenfalls eine leckere Beilage zu Suppen, Salat oder einfach so zum Knabbern.

Leckere Brotrezepte finden Sie in dem Buch „Brot backen" von Erika Richter und mir (emu-Verlag). Wir hielten uns dabei immer an das Sprichwort des Dichters Matthias Claudius, *Der Wandsbecker Bote*:
„Kämpf und erkämpf dir eignen Wert:
Hausbacken Brot am besten nährt."

Butter

verwenden wir vorwiegend als Sauerrahmbutter (nicht mildgesäuerte) aus kontrollierten Bio-Betrieben.

Butterbrotpapier

scheint aus der Mode zu sein. Es sollte öfter verwendet werden anstelle von Plastiktüten, Plastik-Brotdosen und anderen Pastikbehältern. Mehr als 10 Millionen Tonnen Plastikmüll gelangen jährlich in die Ozeane. Jedes Jahr sterben daran 100 000 Meeressäuger. Lösliche Inhaltsstoffe sind auch eine Gefahr für uns Menschen.

Eier

Es bleibt jedem selbst überlassen, die Rezepte durch Zugabe von Eiern zu erweitern – ob als Spiegelei, Rührei, gebacken, gekocht, gebraten. Sie sollten dann aber aus artgerechter Bio-Tierhaltung kommen.

Aufbewahrt werden sie meistens im Kühlschrank, weil schon eine entsprechende Plastikhalterung dafür vorgesehen ist. Besonders günstig ist das nicht, denn sie nehmen gern Kühlschrankgerüche an. Am besten bleiben sie in der Eierpackung aus Pappe im Vorratsschrank.

Ob sie noch gut sind, können Sie testen. Legen Sie die Eier in eine mit Wasser gefüllte Schüssel. Sind sie in Ordnung, bleiben sie am Boden liegen. Schwimmen sie, müssen sie entsorgt werden.

Einkaufen

unbedingt mit Einkaufsliste. Mein Spickzettel hängt mittels Magnet an der Kühlschranktür. Geht etwas zur Neige, notiere ich es gleich. Ohne Zettel ist die Verführung groß, wahllos zu kaufen. Dann landen Dinge im Korb/Wagen, die die Welt nicht braucht oder die zu Hause zu unserer Überraschung doch noch vorrätig sind.

Deshalb vor dem Einkauf unbedingt Kühlschrank und „Vorratslager" inspizieren.

Wir müssen zum Glück nicht hamstern wie in Kriegszeiten. Es genügen überschaubare haltbare Standardvorräte: Getreide, Kartoffeln, Nudeln, Öl, Nüsse, Mandeln Ölsaaten etc.

Frische Ware vom Bauern, Bioladen, Wochenmarkt oder aus dem Garten holen ... wenn man denn einen hat. Ein „grüner Balkon" kann auch sehr ertragreich sein ... oder eine Fensterbank (oder zwei) für frische Küchenkräuter.

Fisch und Fleisch

kommen in den Rezepten nicht vor, denn Fisch ist Fleisch unter Wasser. Es ist wissenschaftlich belegt, dass wir beides wegen des Eiweißbedarfs nicht benötigen, wenn die Ernährung vollwertig ist. Falls Sie nicht darauf verzichten möchten, kaufen Sie es möglichst aus einwandfreier sozialer Bio-Tierhaltung.

Gemüse

putzen wir mit einer speziellen Gemüsebürste und Wasser. Grobe und schlechte Stellen werden entfernt, Zwiebeln gepellt. Ansonsten schälen wir weder Mohrrüben, Rettiche, Gurken, Rote Bete noch Kartoffeln usw.

Gemüseblätter

sind essbar. Von Blumenkohl, Kohlrabi, Radieschen, Roter Bete verwenden wir Blätter für Salate, Soßen, Suppen, Aufläufe und mehr. Auch Mohrrübengrün ist essbar.

Gemüsebrühe

ist ideal geeignet, um Reste sinnvoll zu verwerten. Sie ist geradezu unentbehrlich und wurde zum ersten Mal von Erika Richter in dieser exakten Form entwickelt und in allen Praxis-Seminaren hergestellt, ebenfalls Kräutersalz und andere Würzmittel, s. Seite 48.

Getreide

ist keimfähig und aus kontrolliert biologischem Anbau. Gelagert wird es in Papiersäcken oder -tüten, Leinenbeuteln, Steinkrügen, Getreidespeichern aus Holz, nicht jedoch in Plastikbehältern.

Getreide muss atmen können. Lagertemperatur: ca. 16 °C. Je wärmer der Raum, umso öfter muss Getreide bewegt werden, damit sich keine Kornkäfer oder Getreidemotten ansiedeln.

Die Keimfähigkeit des Getreides ist ein Qualitätsmerkmal. Sie können es überprüfen, indem Sie eine einzelne Sorte (keine Mischung) mit Wasser bedeckt über Nacht einweichen.

Am nächsten Morgen das Getreide gründlich spülen, am besten in einem Sieb. Unter einem feuchten Tuch tagsüber stehen lassen.

Abends nochmals einweichen. Morgens wieder spülen etc. Nach 2 – 3 Tagen zeigt sich der Keimling. Er sollte nicht länger als 2 – 3 mm werden. s. S. 68.

Sprießkornhafer (Nackthafer)
darf zum Keimen nur gespült, aber nicht eingeweicht werden. Dann ebenfalls unter feuchtem Tuch liegen lassen. Einweichen verträgt Hafer nicht, er „ersäuft" und keimt dann nicht mehr.

Getreidemühle

Wer selbst Brot backen will oder andere Getreidegerichte herstellen möchte, wird eines Tages eine Mühle anschaffen. Die teuersten sind nicht unbedingt die besten. Eine Mühle muss staubfrei und bei relativ geringem Lärmpegel arbeiten. Sie soll leistungsstark sein, leicht zu handhaben und Jahre/Jahrzehnte halten.

Der emu-Verlag führt gängige Mühlen. Unsere Mitarbeiter beraten Sie gern.

Gewürze

sind unentbehrlich und tragen zu unserer Gesundheit bei. Trockene Gewürzkräuter zwischen warmen Händen zerreiben, bevor sie in die Speisen gelangen. Dann kommen ihre Aromen besser heraus. Gewürzmischungen, z. B. Picata, gibt es in Reformhäusern oder Bioläden.

Haferflocken

werden frisch aus keimfähigem Bio-Sprießkornhafer (Nackthafer) geflockt. Die im Handel angebotenen Haferflocken stammen aus üblichem Getreide und sind bei der Produktion hohen Temperaturen ausgesetzt. Das Getreide ist nicht mehr keimfähig.

Honig

sollte neutral schmecken, wenn er für Speisen/Gebäck verwendet wird – also Rapshonig, Kleehonig, Akazienhonig usw. Kaufen Sie bei einem Imker Ihres Vertrauens oder ausgewiesenen qualifizierten Honig (z. B. vom Deutschen Imkerbund).

Kalorien

Die Kalorienlehre ist überholt. Die Qualität der Nahrung ist entscheidend, nicht die Quantität. Bei einer vollwertigen Ernährung können sich auch Übergewichtige satt essen. Zwischenmahlzeiten sind ihnen allerdings nicht erlaubt. (s. M. O. Bruker: „Idealgewicht ohne Hungerkur", Mathias Jung: „Übergewicht", emu-Verlag).

Kartoffeln

lagern in einem kühlen, dunklen Keller am besten in einer Kartoffelkiste, in einer Kartoffelmiete im Garten oder im Haushalt dunkel in einem mit Tuch oder Holzbrett lose abgedeckten Steintopf.

Bisher hörte und glaubte ich immer, Kartoffeln und Äpfel dürften nicht zusammen gelagert werden. Die koreanische Expertin Jihyun Ryon rät jedoch zum gemeinsamen Lagern, weil das Ethylen-Gas, das die Äpfel abgeben, das Keimen der Kartoffeln verlangsamt. Sie entwarf eine Lösung für „moderne Wohnungen", die keinen Kartoffelkeller haben: In diesem Regal werden Kartoffeln und Äpfel gemeinsam gelagert. (Quelle: Die Essensvernichter, KiWi)

Kräuter

in ein feuchtes Tuch wickeln, in einen lebensmittelechten Speisebeutel (nicht verschließen) im Gemüsefach des Kühlschranks aufbewahren.

Alternative: ein Weck-Glas mit Deckel ohne Gummiring.

Kuchen misslungen?

Tipp aus einem alten Kochbuch von 1898:

„Verwertung missratener Kuchen:

Streifig oder zu fest gewordener Kuchen kann noch nutzbringend verwendet werden, wenn man ihn offen einige Tage trocknen lässt und dann so fein wie möglich reibt.

Die Masse wird darauf mit einigen Löffeln zerlassener Butter, etwa ¼ l Milch und etwas frischem, mit 2 Esslöffeln Backpulver vermischtem Mehl verrührt, so dass ein richtiger Kuchenteig entsteht. Er wird in eine vorgerichtete Form gefüllt und etwa 30 Minuten gebacken. Der fertige Kuchen zeigt zwar eine etwas dunklere Farbe und trockenere Beschaffenheit wie gewöhnlich, schmeckt aber recht gut."

Kühlschrank

Es wird viel zu viel im Kühlschrank aufbewahrt, darunter manches, das gar nicht hineingehört. Um die Übersicht zu behalten, ist es sinnvoll, Glasbehälter mit Deckel oder Schraubgläser zu verwenden. Bei Speiseresten Inhalt und Datum auf ein Etikett schreiben.

Nicht in den Kühlschrank gehören Tomaten, Gurken, Auberginen, Zucchini, denn biologisch gesehen gehören sie zu den Früchten. Sie vertragen Kälte nicht, verderben dann schneller bzw. verlieren Aroma.

Nicht in den Kühlschrank gehören Südfrüchte: Ananas, Avocados, Bananen, Kumquats, Litschis, Mangos, Orangen, Zitronen usw. Sie kommen aus warmen Ländern und lieben die Kälte nicht.

Kühlschrankpflege

Mit Essigwasser einmal pro Woche auswaschen. Verschüttetes sofort entfernen.

Kühltruhe

verführt zum Stapeln von Vorräten (Gefrierschränke ebenso). Eine Beschriftung über Inhalt und Abpackdatum ist unerlässlich.

Speisen und Backwaren ausgekühlt einfrieren. Sie sollten innerhalb von 4 – 6 Wochen verbraucht sein, da sie an Aroma verlieren und eventuell „nach Kühltruhe" schmecken. Regelmäßiges Abtauen und Säubern nicht vergessen. Viel zu oft wird beim Entnehmen die Truhe zu lange offen gehalten, weil der Überblick fehlt. Dann geht die Sucherei los, zu viel Wärme führt zur Vereisung des Gefrierguts. Das Aroma erleidet Einbußen. Die Temperatur sollte bei -18 °C liegen.

Was haben wir eigentlich früher ohne Kühlschrank/Gefrierschrank/-truhe gemacht? An die Zeiten kann ich mich gut erinnern. In unserem kühlen Keller gab es mehrere große und kleinere Steinguttöpfe und Steinguttröge. Darin wurde Sauerkraut eingestampft (großer Verbrauch = großer Vorrat), Butter und Schmalz aufbewahrt, Eier und andere Lebensmittel.

Mehl

stellen wir immer als frisch gemahlenes Vollkornmehl aus keimfähigem Bio-Getreide her.

Mehltype

Die Typenzahl auf der Mehltüte gibt an, wie hoch der Mineralstoffgehalt des Mehls ist. „Type 405" bedeutet, dass in 100 Gramm Mehl nur noch 405 Milligramm Mineralstoffe enthalten sind. Die höchste Typenzahl des im Handel befindlichen Mehls ist bei Weizen Type 1700 und bei Roggen Type 1800.

Die Typenzahl (der Aschegehalt) wird ermittelt, indem man das Mehl verascht (verbrennt) und danach den Mineralstoffgehalt misst.

Wenn Sie das Getreide selbst mahlen, enthält es etwa 2000 Milligramm Mineralstoffe auf 100 Gramm Mehl – je nach Getreidesorte etwas mehr oder weniger. Lassen Sie sich nicht von der Typenzahl allein leiten. Das übliche im

Handel befindliche Vollkornmehl wird so konserviert, dass es Monate haltbar ist. Die beste Qualität haben Sie bei frisch gemahlenem Mehl, das danach unmittelbar verwendet wird.

Milch

Wenn Ihnen Milch schmecken sollte, versuchen Sie, diese als Rohmilch vom Biobauern zu bekommen. Wir verwenden Milch in der Vollwertküche nicht.
(s. „Der Murks mit der Milch" von M. O. Bruker/Mathias Jung, emu-Verlag).

Mindesthaltbarkeitsdatum (MHD)

ist kein Wegwerfdatum, sondern soll eine Gütegarantie ausdrücken. Darüber ist der Verbraucher jedoch nicht genügend aufgeklärt. Er meint, mit Ablauf des Datums sei der Inhalt nicht mehr genießbar. Die Nahrungsmittelindustrie freut sich, denn das Wegwerfen erhöht deren Umsatz.

Supermärkte sortieren bereits zwei Tage vor dem Ablauf des MHD die Waren aus. So genannte Tagesartikel (Lauch, Zwiebeln, Radieschen, Kopfsalat usw.) dürfen nur einen Tag lang verkauft werden, danach sind sie zu entsorgen. Es ist ein korruptes, weltumfassendes System, denn unser Konsumverhalten hat auch Auswirkungen auf Entwicklungsländer.

Unsinnigerweise steht auf vielen Produkten das MHD, obwohl sie jahrelang haltbar sind: Zucker, Salz, Mineralwasser, Honig, Nudeln u. a. m. gehören dazu.

Der Gesetzgeber ist gefordert, diesem Müllwahn entgegenzutreten. Es wird darüber diskutiert, Grundlegendes passiert bisher jedoch nicht.

Der Film „Taste the Waste" hat vieles in Bewegung gebracht, „eine Graswurzelbewegung für einen verantwortlichen Esskonsum und gegen Lebensmittelvernichtung, die nicht mehr auf die Politik warten will, sondern hier und jetzt und bei sich selbst anfängt. In ganz Deutschland entwickeln sich zahlreiche Initiativen … Mit den Lebensmitteln, die in Europa vernichtet werden, könnten die Hungernden der Welt zweimal ernährt werden." „Die Essensvernichter", WiKi 2015

Nachhaltigkeit

heißt für mich, das Wissen über ernährungsbedingte, lebens- und umweltbedingte Krankheitsursachen zu verbreiten, damit nachfolgende Generationen ein sinnerfülltes und gesundes Leben führen können. Dazu gehört auch der verantwortungsvolle Umgang mit unserer täglichen Nahrung, die Förderung des ökologischen Anbaus.

Ich sehe mit Entsetzen, wie die Bio-Szene den ursprünglichen Gedanken der vollwertigen Ernährung aufweicht (verrät). Auszugsmehle und Fabrikzuckerarten werden in Rezepten verwendet und publiziert, als seien sie unschädlich, ja sogar gesund.

Nudelkochwasser

nicht weggießen, sondern auffangen und für Soßen und Suppen verwenden, ebenso das Kochwasser von Gemüse. Am besten hält man die Wassermenge so gering wie möglich, damit gar nicht erst große Reste übrig bleiben.

Öl

ist „kaltgepresstes", unraffiniertes biozertifiziertes Öl. Oliven- und Sonnenblumenöl verwenden wir hauptsächlich. Als Besonderheit gibt es frisch gepresstes Leinöl (es darf nicht bitter schmecken, dann ist es überlagert), Mandelöl, Walnussöl, Haselnussöl, Sesamöl.

Kaltgepresst heißt, dass die Temperatur bei der Pressung nicht über 40 °C liegen sollte. Unraffiniert/nicht raffiniert bedeutet, dass es nicht auf chemischem Weg bearbeitet wurde.

Paniermehl

ist getrocknetes, fein geriebenes Vollkornbrot oder -brötchen.

Pellkartoffeln

Zurzeit (Juli 2017) wird wieder einmal vor dem Verzehr von Pellkartoffeln gewarnt wegen angeblicher Gefährdung durch darin enthaltenes Solanin u. a. m. Verschwiegen wird, dass Solanin Bestandteil der Früchte, Blätter, Stängel und Knollen der Nachtschattengewächse (Solanaceen) ist. In normalen Kartoffelknollen ist Solanin in unschädlichen Mengen vorhanden. In grünen Kartoffelschalen und Kartoffelkeimen kommt es verstärkt vor, deshalb werden die Keime entfernt, ebenso die grünen Stellen – die Kartoffeln dann also geschält.

„Sachgerecht gelagerte Kartoffeln enthalten unter 0,01 % Solanin. Akut toxische Symptome (z. T. mit Todesfolge) wurden als Dosen von 2 – 5 mg pro Kilogramm Körpergewicht beschrieben." (Quelle: Der Brockhaus Ernährung)

Um diese Dosis zu erreichen, müsste man zahlreiche Kilogramm rohe Kartoffeln auf einmal essen.

Tipp: Pellkartoffeln in größerer Menge kochen, also nicht pro Person abgezählt. Ich fülle stets den größten Topf, obwohl wir nur ein Zwei-Personen-Haushalt sind. Im Kühlschrank halten sie sich **ungepellt** und **trocken** in einem abgedeckten Topf (keinen Plastikbehälter nehmen) tagelang. Oder trocken in die Kühlschranktür (Eierbehälter) legen. Geht genauso gut.

Als Test habe ich die Kartoffeln auf diese Art 14 Tage im Kühlschrank aufbewahrt. Sie waren weder verfault noch verschimmelt oder schlecht riechend, sondern gut aussehend, gut riechend und verzehrbar. Das heißt natürlich nicht, dass Sie es darauf anlegen sollten, die Kartoffeln immer 14 Tage im Kühlschrank aufzubewahren.

Pellkartoffeln sind für fast alles zu gebrauchen ... Suppen, Soßen, Salat, Bratkartoffeln, Kartoffelklöße, Füllmenge in Bratlingen. Dank ihres Stärkegehalts „kleben" sie jeden noch zu weichen Kloß/Bratling oder „falschen Hasen" zusammen.

Geschälte Kartoffeln verlieren beim Kochen

32 % Vitamin C – ungeschälte 14 %
16 % Vitamin B1 – ungeschälte 4 %
Daher empfehlen wir die Verwendung von Pellkartoffeln. Die Schale wirkt wie eine Barriere, die verhindert, dass die tolle Knolle Vitalstoffe und Nährstoffe ans Kochwasser verliert.

Reste

von Bratlingen, Frikadellen, Medaillons klein schneiden und als Suppeneinlage verwenden oder als Brotbelag.

Rezepte

Die Mengenangaben sind Richtwerte. Sie gelten meistens für 3 – 4 Personen. Nehmen Sie so viel, wie Sie vermutlich benötigen, also eventuell nur die Hälfte oder ⅓ von allem ... oder für begeisterte Esser eben mehr.

Rote Bete

Grobe Blätter für eine Suppe oder Auflauf verwenden, die zarten Blätter mit Feldsalat oder anderem Blattsalat mischen.

Sahne

ist süße Sahne, ansonsten steht Schmand im Rezept. Schmand hat mit 24 % einen höheren Fettanteil als die fettreduzierte saure Sahne. Fett macht nicht fett/Fett!!!

Crème fraîche kann Fabrikzucker enthalten (muss nicht deklariert werden). Den höchsten Fettanteil von 35 % habe ich bisher nur in einem Bioladen in der Schweiz entdeckt. Schmeckt wunderbar mild und cremig.

Salz

ist Vollmeersalz ohne Jodzusatz, ohne Rieselhilfe, ohne Aufheller.

Wir salzen wenig, aber würzen viel.

Aus ökologischen Gründen lehnen wir Himalayasalz und andere teuren und hochgelobten Salze ab.

Schimmel

zeigt sich bei unsachgemäßer oder zu langer Lagerung auf und in manchen Lebensmitteln. Bei Gemüse und Obst schneiden Sie es großzügig heraus.

Ist eine Zitrone oder Orange zwischen anderen verschimmelt, nehmen Sie diese heraus und werfen sie in den Abfall. Die anderen Früchte abwaschen (wenn nötig) und verwenden.

Wenn Brot schimmelig ist, und zwar grün/gelb/schmierig oder gar schwarz, müssen Sie es wegwerfen. Zeigt es jedoch an einer Stelle einen hellgrauen Flaum/Fleck, schneiden Sie diese Stelle großzügig heraus und verwenden den Rest.

Es gibt die übergenauen Toxikologen, die vorsichtshalber zum Wegwerfen von allen angeschimmelten und faulenden Lebensmitteln auffordern. Es gibt andere, die differenzieren und raten zum Herausschneiden der befallenen Stellen. Einig sind sich jedoch alle bei verschimmelten Nüssen, Mandeln, Pistazien, Trockenfrüchten und Gewürzen. Sie dürfen nicht mehr verzehrt werden wegen giftiger Mykotoxine, die das Schimmelgeflecht absondert. Auch wenn sie bitter, pelzig, unangenehm schmecken, sollten Nüsse nicht gegessen werden.

Früher (in meiner Kindheit/Jugend) wurde bei eingekochtem Obst und Marmeladen obenauf sichtbarer Schimmel entfernt, der Rest gegessen. Schmeckte alles muffig, hieß es: „Stell dich nicht so an." Denn es waren karge Zeiten.

Schraubgläser

werden mit Deckel verwendet und sind ideale Vorratsbehälter.

Semmelbrösel

aus altbackenem Brot herstellen – per Hand gerieben oder im Mixer zerkleinert (nicht fein gemahlen, sondern etwas gröber als Paniermehl). Sie sind für fast alles zu gebrauchen: zum Panieren, in Butter/Öl gebräunt, über Nudelgerichte oder über gebackenen/gedünsteten Blumen- oder Rosenkohl streuen. Wenn der Teig für Frikadellen/Bratlinge/Falscher Hase/Klöße usw. noch zu weich ist, Semmelbrösel (oder Paniermehl oder geriebene Pellkartoffeln) einkneten, dann wird er fest.

Semmelbrösel/Paniermehl im großen Schraubglas mit Deckel trocken aufbewahren – hält sich wochenlang.

Ob Brösel, Bröckeli, Brotwürfel, Croutons, Semmelbrösel, Paniermehl … in Butter/Öl hellbraun geröstet, mit Zugabe von gehacktem Knoblauch, Zwiebelwürfeln, Peperoni(salz), und/oder Curry, Thymian, Fenchel, Salbeiblättern, geriebenen Nüssen, Mandeln & Co gewürzt, schmecken sie einfach wunderbar.

Spargelbrühe

Spargel ist ein Saisongemüse. Letzter Stichtag (Erntetag) ist der 24. Juni.

Ob traditionell weiß oder grün – heben Sie das Spargelwasser für Suppen oder Soßen auf oder trinken Sie es.

Die Spargelschalen ebenfalls nicht wegwerfen, sondern auskochen. Die angefallene Schalenmenge von zum Beispiel 500 g Spargel in ½ Liter Wasser mit etwas Salz und Honig 20 Minuten kochen. Anschließend abgießen, kühl aufbewahren oder einfrieren oder die Brühe heiß oder kalt trinken. Sie enthält Mineralien und andere biologische Wirkstoffe. Und sie „entwässert", wie der Volksmund sagt.

Sterile Gläser

oder Gefäße anderer Art heißt, dass sie mit kochendem Wasser ausgespült oder in kochendes Wasser gelegt werden.

Strünke

von Blumenkohl, Brokkoli, Grünkohl schälen, in Stifte, Scheiben oder kleine Würfel schneiden. In dem entsprechenden Gericht verwenden.

… was rumliegt, muss fort …

Suppen

Werden sie sämig gewünscht, einen Teil der Suppe (oder alles) pürieren.
 Oder mit fein gemahlenem Reismehl binden. Einen Teil Reismehl mit der dreifachen Menge Flüssigkeit verrühren, aufkochen und ausquellen lassen.
 Es ist ein neutrales Bindemittel nicht nur für Suppen, sondern für Soßen, Süßspeisen usw.

Tiereiweißfrei

heißt frei von Milch, Joghurt, Quark, Käse, Fleisch, Wurst, Fisch und Eiern.
 Bei Infektanfälligkeit, Rheuma, Arthritis, Arthrose, Bandscheibenschäden, Hauterkrankungen, Neurodermitis, Ekzemen, so genannten Allergien, Asthma sollte das Tiereiweiß gemieden werden. (Näheres in „Allergien müssen nicht sein", „Rheuma – Ursache und Heilbehandlung", „Erkältungen müssen nicht sein" von Dr. M. O. Bruker, emu-Verlag).

Vegan

möchten viele Menschen leben, vor allem Jugendliche, weil sie Tierleid um jeden Preis vermeiden wollen. Das ist verständlich, denn die Quälerei in der Massentierhaltung ist nicht hinnehmbar. So elend es diesen Tieren geht, so elend fällt die Qualität aus, die das Tier liefern soll. Ob Milchprodukte oder Eier, Fleisch und Wurst – wir brauchen nichts davon, denn die „Naturküche" wächst in unserem nächsten Umfeld auf dem Bio-Acker ohne Gift und bietet fast alles.
 Massentierhaltung und Tierversuche müssen abgeschafft werden. Eine gesunde Tierhaltung sieht keine Ausbeutung vor und gegen Lebensende der Tiere Gnadenhöfe.
 Vegane Ernährung muss jedoch vollwertig sein. Und das ist sie leider oftmals nicht. Dieser Aspekt kommt in (fast) allen Vegankochbüchern zu kurz. Dort wimmelt es nur so von Tofuprodukten, Soja- und Milchersatzpräparaten sowie anderen künstlich hergestellten Fabrikprodukten.
 Nahrungsergänzungsmittel und Vitaminpräparate, Vitamin B12 und Aufbaumittel anderer Art können den Mangel in der üblich propagierten veganen Nahrung nicht ausgleichen.
 Wir haben in unserem Buch „Vegan – Vegetarisch – Vollwertig?" (emu-Verlag) ausführlicher dazu Stellung genommen.
 Die Rezepte in diesem Restebuch enthalten Butter und Sahne. Meistens können sie durch Öl, Mandel- oder Nussmus ersetzt werden. Butter ist und bleibt jedoch das bekömmlichste Fett und ein wunderbarer Geschmacksträger.

Sie muss nicht von der Leber „umgebaut" werden wie andere Fette, sondern steht den Körperzellen direkt zur Verfügung. Am besten ist die Rohbutter, unerhitzt, direkt aus der Sahne der Rohmilch hergestellt. Aber sie ist eine Rarität und wird nur von wenigen Bauern angeboten.

Wir gehen davon aus, dass zertifizierte biologische Betriebe einwandfreie Butter liefern (leider aus pasteurisierter Milch). Sie schmeckt natürlicher und besser als üblich hergestellte Buttersorten. Und es werden dort keine überzüchteten Kühe gehalten (hoffentlich auch in Zukunft), wie dies bei Lady Gaga der Fall ist.

Die 11 Jahre alte und 950 kg schwere Turbokuh Lady Gaga produziert mehr als 16 000 Liter Milch jährlich. Sie wurde im Juni 2017 auf der Holstein-Schau in Oldenburg zum Grand Champion gewählt. Der Preisrichter sprach von einem „extrem gut aufgehängten Euter". In Wirklichkeit hat dieses Euter ein krankhaftes Übergewicht und die Kuh nichts mehr mit einer natürlich gehaltenen Milchkuh gemein.

Verträglichkeitsproblem

Die vitalstoffreiche Vollwertkost wird von jedem hervorragend vertragen. Fabrikzuckerarten können jedoch im Rahmen einer vollwertigen Ernährung Unverträglichkeiten hervorrufen, ebenfalls gekochtes Obst und Säfte. Dies konnte Dr. Max Otto Bruker über Jahrzehnte an Patienten beobachten und gilt als gesichert. Siehe „Unsere Nahrung – unser Schicksal", emu-Verlag.

Bei Magen-Darm-Empfindlichen können auch Honig und Trockenfrüchte Unverträglichkeiten hervorrufen.

Vitalstoffe

sind biologische Wirkstoffe und in einer vitalstoffreichen Vollwertkost enthalten:
- Vitamine, wasser- und fettlösliche (der Vitamin-B-Komplex, speziell Vitamin B1)
- Mineralstoffe

- Spurenelemente
- Enzyme/Fermente
- ungesättigte Fettsäuren
- Aromastoffe
- Faserstoffe (so genannte Ballaststoffe)

Vollkornnudeln

steht auf den meisten Verpackungen von Spaghetti, Spirelli, Makkaroni und anderen Sorten. Wenn auf der Rückseite unter Zutaten steht, dass sie aus Bio-Vollkorn-Dinkelmehl hergestellt sind, können Sie das Produkt kaufen. Steht dort jedoch statt Mehl Grieß, lassen Sie die Finger davon.

Grieß ist ein ausgesiebtes Mehl und entspricht, was den Mineralstoffgehalt betrifft, nur noch der Type 1050.

Vitalstoffreiche **Vollwert**kost zeichnet sich jedoch durch den **vollen** Wert aus.

Vollwertkost/Vollwerternährung

sind synonym.

Die Nahrung sollte so natürlich wie möglich sein, die Lebensmittel aus ökologischem Anbau.

Dr. med. M. O. Bruker empfiehlt, vier Nahrungsmittel zu meiden:

1. Alle Fabrikzuckerarten
2. Auszugsmehl und Produkte daraus
3. Alle raffinierten Fabrikfette, also gewöhnliche Öle und Margarinen
4. Säfte und gekochtes Obst, Trockenfrüchte. Dieser Punkt gilt besonders für Leber-, Galle-, Magen-, Darm-Empfindliche. Auch Honig, Bohnenkaffee, Getreidekaffee, schwarzer/grüner Tee können derartige „Störenfriede" sein.

Gegessen werden sollten:

1. täglich 3 EL unerhitztes Getreide (ca. 50 g) in Form eines Frischkorngerichts/Frischkornbreis
2. Frischkost aus rohem Gemüse und Obst
3. Vollkornbrot, Vollkornprodukte
4. naturbelassene Fette, also Butter, Sahne, „kaltgepresste", unraffinierte Öle

Wildkräuter/Wildgemüse

Sammeln Sie doch mal Wildkräuter … Brennnesseln, Breitwegerich, Giersch, Gänseblümchen, Löwenzahn, Spitzwegerich, Vogelmiere, Schafgarbe, Sauerampfer und vieles mehr.

Wildkräuter enthalten wesentlich mehr Vitalstoffe als gezogene Kräuter.

Sie kennen zu wenig davon? Das kleine Wildkräuter-Taschenbuch von Margarete Vogl (emu-Verlag) beseitigt alle Unklarheiten.

Mittelwert von	Kulturgemüse	Wildgemüse
Wassergehalt	91,9 %	84,6 %
Magnesium	20,6 mg %	60,0 mg %
Calcium	63,7 mg %	238 mg %
Eisen	1,4 mg %	4,1 mg %
Vitamin C	47,4 mg %	209 mg %
Provitamin A	253 Mikrogramm %	588 Mikrogramm %
Eiweißanteil	1,3 g %	4,55 g %

Quelle: AID-Schrift Nr. 1182/1987

Zucker

ist ein natürlicher Bestandteil in süßen Früchten. Isolierter Zucker, Fabrikzucker, ist ein Präparat, das in erheblichem Maße Mitverursacher der ernährungsbedingten Zivilisationskrankheiten ist.

Wir verwenden in den Rezepten Honig oder reife Früchte.

Fabrikzuckerarten:
gewöhnlicher weißer Haushaltszucker, brauner Zucker, Fruchtzucker, Traubenzucker, Milchzucker, Malzzucker, sog. Vollrohrzucker, Sucanat, Rapadura, Ahornsirup, Apfeldicksaft, Birnendicksaft, Melasse, Ur-Zucker, Ur-Süße, Gerstenmalz, Maltodextrin, Kokosblütenzucker und weitere Konzentrate/Präparate.

Dr. Max Otto Bruker war seiner Zeit weit voraus und warnte seit Mitte des letzten Jahrhunderts unermüdlich vor gesundheitlichen Schäden durch den zunehmenden Fabrikzuckerverzehr. Er handelte sich dadurch Verleumdungen und eine Klageandrohung der Zuckerindustrie ein.

Dr. Bruker belegte schriftlich seine Erkenntnisse in dem Buch „Krank durch Zucker – Der Zucker als pathogenetischer Faktor". Daraufhin musste die

Zuckerindustrie ihre Klageandrohung zurücknehmen. Näheres s. „Zucker, Zucker", emu-Verlag.

Zwiebeln

geben beim Einsatz von Mixgeräten oder raschem Hobeln Bitterstoffe frei. Also nicht mixen, sondern mit der Hand würfeln oder in Ringe schneiden.

Der Bittergeschmack kann eine sonst gut zubereitete Pizza (oder andere Gerichte) verderben.

Konsumterror

*Wozu brauchen wir über 100 Joghurt-Sorten?
„Heute ist unser Kühlschrank eine Art Stimmungsapotheke. Die Leute kaufen den Joghurt nicht, um satt zu werden, sondern um ihren Lebenshunger zu stillen. Das heißt, sie brauchen einen Joghurt, der sie morgens aktiviert, einen Joghurt, der sie nachmittags ausbalanciert, einen Joghurt, der die Abwehrkräfte stärkt, einen Joghurt, der die Verdauung anregt, und das bitte in allen Geschmacksvarianten, dadurch entsteht die ungeheure Fülle."
Wir Konsumenten kaufen also ständig mehr ein, als wir eigentlich brauchen. Wir sind verführbar und oft nicht in der Lage, unseren tatsächlichen Bedarf realistisch einzuschätzen.*

*Aus „Die Essensvernichter"
Von Stefan Kreutzberger/Valentin Thurn, KiWi*

Zum ersten Mal in der Geschichte der Menschheit ist die Überernährung ein größeres medizinisches Problem als die Unterernährung. Während eine Milliarde Erdenbürger zu wenig zu essen haben, bekommen zwei Milliarden zu viel.

*Jörg Blech
Wissenschaftsredakteur,
Autor in „Schmeckt's noch?", 2017*

... was rumliegt, muss fort ...

Sie war streng, aber gerecht –

Stimmen zu Erika Richter

Sie hatte das Herz am rechten Fleck

Von anderen Gesundheitsberatern GGB habe ich gehört, dass Erika Richter ziemlich streng wäre. Ich fühlte mich ein wenig wie vor einer Prüfung, wenn andere Studienkollegen gesagt hatten, dieser und jener Professor sei schrecklich streng und man könne bei ihm keine gute Note schaffen.

Ich war bei Erika Richter im Praxiskurs und hatte die Aufgabe, aus kleinen abgestochenen Butterkugeln eine Weintraube zu bilden. Ich fand meine Aufgabe gut gelöst, nicht so Frau Richter. Sie rief die anderen Teilnehmer zusammen, um dieses jämmerliche Werk zu begutachten. Sie machte klar, dass es einfach nur mickerig war. Sie wünschte eine üppige, volle Traube! Das habe ich kapiert und noch viele Butterkugeln dazudrapiert. Schließlich war es zu ihrer vollen Zufriedenheit.

Heruntergeputzt fühlte ich mich nicht, auch nicht bloßgestellt, aber deutlich korrigiert. Und das fand ich in Ordnung. Sie war anspruchsvoll und hatte das Herz am rechten Fleck.

Ursula Platz-Dumas

Höchstes Lob

Als ich einmal im Brukerhaus ehrenamtlich während der Gesundheitswoche in der Lehrküche half, sagte Erika Richter zu mir: „Du bist wie 'ne schwarze Hose, die kann man immer gebrauchen."

Sandra Muß

Sie war gerührt

Als Gast Ihres Hauses hatte ich im Sommer 2009 das Glück, Erika Richter in ihrem Element zu erleben. Zum Seminarende sangen wir Seminarteilnehmer das von mir auf die Schnelle verfasste Lied „Stellt euch vor, wir hätten nicht Frau Richter" nach der Melodie „Sentimental Journey". Dass Erika Richter sich still und leise ein paar Tränen der Rührung verdrückte, soll nicht unerwähnt bleiben.

Stellt euch vor, wir hätten nicht Frau Richter,
Stellt euch vor, wir wär'n allein.
Wär'n wir nicht wie hohle Küchentrichter?
Nichts käm' raus, weil nichts kam hinein.

Stellt euch vor, wir wär'n daheim geblieben,
Wer hätte uns was beigebracht?
Wir kochten noch nach unserem Belieben,
Und schmorten noch im eigenen Saft.

Refrain:
Erika, was sie sagte, wurd' fast immer klar.
Hatten wir was nicht begriffen,
Wurd' noch einmal nachgeschliffen,
Ja, ja dann war's klar!

Wir sind gern' im Bruker-Haus gewesen,
Wir haben hier sehr viel gelernt,
Zu Hause wird's noch einmal nachgelesen,
Und dann praktisch aufgewärmt.

Jeder wird an diesen Kurs gern denken,
Und Frau Richter dankbar sein,
Dieses Lied soll sie nun reich beschenken,
Alle stimmen fröhlich ein …

Gerhard Bessler

Ich vermisse sie arg

Ich erinnere mich an die gemeinsamen Stunden und vermisse sie arg, höre sie noch reden und ihre Späße machen. Eines meiner letzten Begebenheiten: Wir waren am Vorbereiten der Abendmahlzeit und ich sah, dass Mathias' Hund Halva (den ich sehr liebte) den Flur entlangschlenderte ... So fiel ich wie immer vor ihr auf die Knie. Sie legte sich sofort auf den Rücken und ließ sich kraulen.

Plötzlich bemerkte ich, dass Erika auf dem Boden lag. Ich war besorgt, dass etwas mit ihr passiert war. Da lachte sie und sagte: „Ach was, ich wollte nur auch mal so gekrault werden." Das war sie, immer zu einem Späßchen aufgelegt, aber in der Sache geradlinig und unmissverständlich. Täglich ist sie in meinen Gedanken, ob ich meinen großen Steintopf mit frisch gestampftem Sauerkraut fülle oder meinen altersschwachen Thermomix nutze, um Vollwertiges zuzubereiten. Sie hat mir viele Tricks und Tipps beigebracht.

Ines Radloff

Kaffeeprüfung

Auch ich habe mein Praxisseminar bei Erika Richter gemacht – und außerordentlich viel dazugelernt. Das Seminar „Kaltes Büffet" war mit ihr eine Sternstunde der Kochkunst.

Ich muss heute noch lachen über ihre „Finte" bei der Begrüßung der Teilnehmer zum Seminar „Kaltes Büffet". Sie fragte uns, ob wir zum angebotenen Kuchen eine Tasse Kaffee haben wollten. Sie wollte natürlich herausfinden, ob welche dabei sind, die noch den „sündigen" Bohnenkaffee trinken. Eine Fangfrage also. Doch, erstaunlicherweise für Erika, gab es niemanden, der Kaffee wollte. Alle waren bereits auf dem „Tee-Trip".

Gemeinsam mit Dr. Bruker konnten wir uns am Samstagabend über ein 10 m langes Büffet hermachen. Lauter exquisite Köstlichkeiten, die während des Seminars gezaubert wurden.

Auch der Humor kam nie zu kurz. Das Rezept „Gefülltes Gemüsenest" ist nach wie vor bei uns zu Hause ein Renner und wird es auch bleiben, besonders wenn Gäste kommen, die mit der vitalstoffreichen Vollwertkost noch nicht vertraut sind.

Dankbar werde ich Erika Richter in Erinnerung behalten.

Marie-Luise Volk

Gedanken an eine starke Frau

Wenn ich an Erika Richter denke, dann
- denke ich an eine starke, dominante und humorvolle Frau.

... was rumliegt, muss fort ...

- erinnere ich mich daran, wie viel Freude sie an ihrer Arbeit hatte.
- muss ich darüber lächeln, wie ich sie kennengelernt habe. Ich wurde engagiert, um die Blumendekoration für die Tische mit den Teilnehmern der Gesundheitswoche zu fertigen. Erika Richter ist aus Versehen nicht informiert worden. Wer sie kannte, kann sich vorstellen, wie sie reagiert hat, als die von ihr gefertigte Tischdeko weggeräumt werden musste und unsere auf den Tisch gestellt wurde. Ich erinnere mich, wie groß meine Angst war, einen Brotbackkurs bei ihr zu buchen. (Die Tischdekoration in der Gesundheitswoche war noch nicht vergessen.)
- fällt mir ein, wie groß ihr Gerechtigkeitssinn war. Sie hat mich nach kurzer Zeit (gefühlte 3 Stunden) mit offenen Armen aufgenommen.
- denke ich an die Erfahrung mit den Radieschen. Ich war den 1. Tag in der EBZ-Lehrküche und machte Radieschen-Salat. Deren Grünbunde waren mit einem Gummiband zusammengebunden. Ich schnitt das Grün ab und warf es mitsamt Gummi in den Biomüll. Fünf Minuten später griff Frau Richter in den Mülleimer, zog das Bündel raus und fing an zu schimpfen, welcher Idiot Gummibänder in den Biomüll wirft. Zu allem Überfluss auch noch das Grün, aus dem man noch Kräutersalz machen könne! Ich sagte dann: „Ich war der Idiot, und es tut mir leid!" Sie lachte herzlich und hat sich für die Ehrlichkeit bedankt.
- denke ich an eine Frau, die sehr sparsam war. Es wurde nichts, aber absolut gar nichts weggeworfen.
- wird mir klar, wie traurig und schade es ist, dass ich nicht mehr mit ihr arbeiten kann.

Danke für die vielen Erfahrungen, die ich bei Ihnen machen durfte.

Andrea Lohaus

Das fröhliche Miteinander

Wenn ich von einem meiner Vorträge, etwa von Stuttgart oder dem Ruhrgebiet, um Mitternacht in das Dr.-Bruker-Haus zurückkehrte, fand ich Erika Richter noch quicklebendig vor. Meistens stand sie am Kopierer, um Rezepte für die Teilnehmer zu vervielfältigen. Sie lachte über das ganze Gesicht. Wir schwatzten, erzählten uns kesse Witze und tranken noch ein Glas Wein miteinander.

Erika liebte das Kochen und Backen sowie das fröhliche Miteinander. Meine Neufundländerinnen Halva und Bella liebten sie stürmisch. Das machte mich manchmal eifersüchtig.

Mathias Jung

Unentbehrliches

aus Erikas Wunderkiste

Ein Muss in jedem Praxis-Seminar von Erika Richter war die Herstellung folgender Produkte:

- Gemüsebrühe
- Kräutersalz
- Peperonisalz
- Harissa
- Ketchup
- Meerettichwürze
- Senf
- Tomaten einlegen
- Gurken einlegen
- Sauerkraut herstellen
- Pesto & Co

Beate Steichele und Luise Stephan – beide Hauswirtschaftsmeisterinnen und ärztlich geprüfte Gesundheitsberaterinnen GGB – leiten die Praxis-Seminare im Brukerhaus in Lahnstein. Sie führen die Tradition fort, entwickeln aber auch neue Ideen.

Großmutters Gemüsebrühe

Originaltext von Erika Richter

Gekochte Gemüsebrühe

Wir verwenden in Lahnstein keine „Fertigbrühen" oder gekörnte Suppenwürze, gleichgültig welche Firma sie anbietet.

Gemüsereste, die schon etwas länger lagern, aber noch zu gebrauchen sind (außer Rotkohl, Zwiebelschalen und Rote Bete), werden gewaschen und die schlechten Stellen entfernt, dann im Kühlschrank gesammelt. **Sellerie, Karotten, Petersilie und Lauch müssen unbedingt dabei sein.**

Vorschlag

Blumenkohlblätter und -strünke, Brokkoli, Zucchini, Kohlrabi + Blätter, Sellerieschalen, -knollen und Selleriegrün, alle Blätter und Strünke von Kohlarten, Karotten, die schon ein wenig schrumpelig sind, Lauch, Maggikraut, Kräuter und Zwiebelreste:

Wenn genügend Reste zusammen sind, in grobe Stücke schneiden, mit Wasser bedecken (in größerem Topf).

Auf **ein Liter** Wasser kommen die Gewürze:

3 Lorbeerblätter
4 Wacholderbeeren
3 Nelken
kein Salz

Gemüsereste mit den Gewürzen zum Kochen bringen, dann etwa eine Stunde leicht köcheln lassen. Es kann immer noch Gemüse nachgelegt werden.

Diese gekochte Gemüsebrühe absieben, erkalten lassen und im Kühlschrank oder in der Tiefkühltruhe aufbewahren. Im Kühlschrank ist die Gemüsebrühe 3 – 4 Tage haltbar. Oder portionsweise einfrieren.

Sie schmeckt als klare Gemüsebrühe (etwas Kräutersalz, Öl und frische Kräuter zugeben), gibt aber auch Hauptgerichten, Aufstrichen und Soßen die richtige Würze.

… was rumliegt, muss fort …

Rohe Gemüsebrühe

Alle Gemüsereste wie oben beschrieben für die Zubereitung genau wiegen, mit einem Blitzhacker, Mixer oder Fleischwolf zerkleinern.

Auf 1 kg Gemüse 6 Lorbeerblätter, 8 Wacholderbeeren und 6 Nelken zugeben und mitpürieren.

Weitere Bearbeitung und Konservierung:
1 kg zerkleinertes Gemüse mit 100 g Vollmeersalz mischen.

In sterile Gläser oder Steintöpfe füllen, festdrücken und mit Deckel abdecken.

Im Kühlschrank oder einem kühlen Raum aufheben.

Haltbarkeit: Mindestens 1 Jahr.

Um daraus trinkbare Gemüsebrühe herzustellen, in ½ l Wasser 1 EL dieser rohen Paste verrühren und 10 Minuten kochen. Absieben, frische Kräuter und Öl hinzugeben.

Gemüsebrühe aus getrocknetem Gemüse

Vielseitig zu verwenden!

Für alle gekochten Gerichte, Vorbereitung für einige Brotaufstriche oder als Gemüse-Bouillon (Heiße Tasse).

Alle Reste vom Gemüse, von allen Kohlarten und -strünken, Schalen von Sellerie, aber auch die Knolle, Selleriegrün, Zucchini, Blumenkohl + Blätter, Brokkoli + Blätter, Maggikraut, Lauch, Karotten, Kohlrabi + Blätter, Gartenkräuter (z. B. Schnittlauch incl. Blüten), Fenchel usw. (ausgenommen Rotkohl, Zwiebelschalen und Rote Bete) können dafür verwendet werden.

Sellerie, Karotten, Petersilie und Lauch müssen unbedingt dabei sein.

Ist genügend vorhanden, Gemüse und Kräuter in große Stücke schneiden und am besten auf Tüchern flach und locker ausbreiten (auch Backbleche, große Siebe und Teller sind – je nach Menge – geeignet). In einem trockenen, warmen Raum gut eine Woche trocknen lassen.

Das Gemüse muss „knochentrocken" sein.

Nun kann es mit der Hand geschnitten oder im Mixer mit Gewürzen* grob zerkleinert werden (nicht zu fein, sondern etwa die Größe einer Wacholderbeere, also ca. 3 – 5 mm).

*Folgende Gewürze mixen und zugeben:
Auf 20 g Gemüse
3 Lorbeerblätter
3 Nelken
3 Wacholderbeeren

Zutaten für eine klare Gemüsebrühe

500 ml	Wasser und	} 10 Minuten köcheln
1 geh. EL	zerkleinertes Trockengemüse	
1 – 2 EL	frisch gehackte Kräuter zugeben	
1 EL	Oliven- oder Sonnenblumenöl	
1 gestr. TL	Kräutersalz	
1 MS	Harissa oder frisch gemahlener Pfeffer	

Trockengemüse in Schraubgläsern aufbewahren. Es ist mindestens ein Jahr haltbar, wenn es trocken gelagert wird.

... was rumliegt, muss fort ...

Harissa

ein Rezept aus Marokko

Zutaten

50 g	getrocknete rote Chilis
2	Knoblauchzehen
	Vollmeersalz
1 TL	Kümmelsamen
1 ½ TL	zerstoßene getrocknete Minzeblätter
	Olivenöl

Zubereitung

1. Chilis entkernen und in Stücke reißen.

2. 20 Minuten in warmem Wasser einweichen. Abtropfen und zerstoßen oder mixen.

3. Knoblauch pellen und mit etwas Salz zerdrücken.

4. Alle Zutaten zu einer Paste mixen, dann 1 – 2 EL Olivenöl hineinrühren.

5. In ein Gefäß geben (am besten steriles Schraubglas mit Deckel), mit einer Schicht Olivenöl bedecken und in den Kühlschrank stellen.

Kräutersalz

Alle Reste von Gemüse, Kohlarten und Strünken, Gartenkräutern, Schalen von Sellerie, natürlich auch die Knolle, Selleriegrün, Zucchini, Blumenkohl, Brokkoli + Blätter, Maggikraut, Lauch, Karotten, Kohlrabi samt Kraut usw. (ausgenommen Rotkohl, Zwiebelschalen und Rote Bete) können dafür genommen werden.

⟶

Zubereitung

1. Alle Gemüsereste grob zerkleinern.
Bei größeren Mengen kann ein Blitzhacker oder Mixer beim Zerkleinern helfen. Aber nicht zu fein hacken!

2. Das zerkleinerte Gemüse auf Handtüchern, Backblechen, Sieben, in Dörrgeräten oder Ähnlichem trocknen.
Wenn es „knochentrocken" ist, in Papiertüten oder Stoffbeuteln sammeln.

3. Ist genügend getrocknetes Gemüse vorhanden, wird es gewogen.
Das Trockengemüse in einem Blitzhacker oder Mixer pulverfein zerkleinern.

Mengenangaben:
100 g zerkleinerte Trockenmasse mit 600 g Vollmeersalz mischen.
Die Salzmenge kann – je nach Geschmack – verringert werden, zum Beispiel 100 g Trockenmasse auf 450 g Salz.

Haltbarkeit: mindestens 1 Jahr bei trockener, nicht zu warmer Lagerung.

Peperonisalz

Zubereitung

1. Peperonischoten (oder Pfefferschoten) zerkleinern, ausbreiten (auf Geschirrtuch oder Backblech) und trocknen lassen.

2. Erst wenn sie „knochentrocken" sind, mit einem Blitzhacker oder Mixer pulverfein zerkleinern.

Mengenangaben:
100 g zerkleinerte Trockenmasse mit 1000 g Vollmeersalz mischen.
Die Salzmenge kann verringert werden, z. B. 100 g Trockenmasse auf 600 – 800 g Vollmeersalz.

Haltbarkeit: mindestens 1 Jahr und länger bei trockener, nicht zu warmer Lagerung.

Die meisten Tomaten für Ketchup kommen aus Italien und anderen Mittelmeerländern. Wenn sie nicht schnell und sauber verarbeitet werden, vergammeln sie in der Sonne, bevor sie zu Tomatenmark und dann zu Ketchup verarbeitet werden. Niemand schmeckt das raus. Massen von Zucker und Gewürzen überdecken den üblen Geschmack. Untersucht wurden 25 Sorten Ketchup. In fast allen Proben wurden erhöhte Mengen an Ergosterin gefunden (Indikator für vergammelte Tomaten). Alle Proben enthielten mehr als 10 Prozent Zucker, der höchste Wert lag bei 33 Prozent. Nicht ein einziges untersuchtes Ketchup erhielt die Bezeichnung empfehlenswert.

Notiz von Erika Richter
nach einem Bericht von
Öko-Test 1994

Ketchup I

Bei einer Tomatenschwemme lohnt es sich, Vorräte für den Winter anzulegen. Am besten mit selbst gemachtem Ketchup.

Zutaten

3 kg	Tomaten
10 g	Nelken, gemahlen
10 g	Zimt
10 g	Ingwer, gerieben
2 – 3	Knoblauchzehen, fein gehackt oder durch Knoblauchpresse gedrückt
40 g	Vollmeersalz
¾ l	Essig (Apfelessig oder weißen Balsamico)
	Pfeffer, frisch gemahlen

Zubereitung

1. Tomaten kleinschneiden, zusammen mit allen anderen Zutaten zu Mus kochen. Mit Pfeffer, frisch gemahlen, nachwürzen.

2. Dann das Mus pürieren, durch ein Sieb streichen und heiß in sterile Gläser oder Flaschen mit Schraubverschluss abfüllen. Fest verschließen und kühl lagern.

Die o. g. Menge ist nur ein Richtmaß. Nehmen Sie so viel, wie Sie vermutlich benötigen, also die Hälfte oder ⅓ von allem … oder mehr.

… was rumliegt, muss fort …

Ketchup II

Zutaten

1,5 kg	Tomaten, zu weich gewordene und schrumpelige
2	Zwiebeln
1,5 EL	Honig
2 TL	Vollmeersalz
2	kleine Peperoni
1 TL	Paprika, edelsüß
2 TL	Apfelessig oder Balsamico, weiß
1 TL	Currypulver

Zubereitung wie bei Ketchup I

Ketchup III
die schnelle Nummer

Zutaten

1	Glas Bio-Tomatenmark (370 g)
1 EL	Honig
3 – 4 EL	Olivenöl
1 – 2 EL	Apfelessig oder weißer Balsamico
2 geh. TL	Curry
½ TL	Kräutersalz
	Pfeffer, frisch gemahlen
	Kurkuma
	Chili (scharf!)

Alle Zutaten verrühren. Mit etwas heißem Wasser in die gewünschte Konsistenz bringen.

Meerrettichaufstrich
Meerrettichwürze

Zutaten

500 g	frische Meerrettichstangen
125 g	Sellerieknolle
200 ml	Sonnenblumenöl
38 g	Vollmeersalz
1 EL	Zitronensaft
1 EL	Honig

Zubereitung

1. Frische Meerrettichstangen gründlich waschen, schlechte Stellen entfernen. Nicht schälen.

2. Öl, Salz, Zitronensaft und Honig in eine Schüssel geben und vermischen.

3. Meerrettich und Sellerie in ca. 3 cm lange, nicht zu dicke Stücke schneiden und im Mixer auf höchster Stufe pürieren. Öl, Salz, Zitronensaft und Honig zugeben und mitpürieren; oder bei größeren Mengen untermischen. Die Menge in dem Mixer mit einem Spatel nach unten schieben, nochmal weitermixen. Da die ätherischen Anteile des Meerrettichs sehr stark sind, ist es zu empfehlen, die Meerrettichmasse bei geöffnetem Fenster vorzubereiten.

4. Die Meerrettichpaste in sterile Schraubgläser füllen.
Die Gläser mehrmals auf einem gefalteten Handtuch oder Geschirrtuch aufstoßen, damit die Luftlöcher ausgeschlossen werden.
Mit so viel Öl auffüllen, dass es etwa ½ cm über der Meerrettichmasse steht. Öl konserviert.

Dünn aufs Brot streichen oder mit Sahne vermischt zu Pellkartoffeln, für Suppen und Soßen oder zu Frikadellen verwenden.

… was rumliegt, muss fort …

Senf

Ein schmackhafter Senf gibt vielen Gerichten einen besonderen Pfiff. Wenn Sie dazu noch sagen können, dass es ein „selbstgemachter" ist, ruft das Erstaunen hervor.

Wer kennt und kann das heutzutage noch? Man kauft ihn fertig im Glas. Dabei ist die Herstellung einfach.

Zutaten

50 g	Senfkörner fein mahlen in Mühle mit Stahlmahlwerk oder Mixer
30 ml	Apfelessig oder Weinessig
40 ml	Wasser
1 TL	Vollmeersalz
1 EL	Honig

Zubereitung

1. Alle Zutaten verrühren.
2. 14 Tage zum Reifen in einem sterilen Schraubglas mit Deckel stehen lassen.

Varianten

Man kann den Senf besonders scharf machen, wenn man 1 Stück pürierte Pfefferschote oder 2 Peperoni zugibt.

oder

	die doppelte Menge Honig nehmen oder
1 EL	leicht zerkleinerten Mohn zugeben oder
2 EL	frische, kleingeschnittene Kräuter oder
2 EL	kleingeschnittene Feigen oder
1 EL	Curry

... oder alles, was Ihnen dazu passend einfällt ...

Einlegen von getrockneten Tomaten

Zutaten I

2 l	Wasser
¼ l	Weißwein
⅛ l	Apfelessig
500 g	getrocknete Tomaten

Zubereitung I

1. Wasser mit Weißwein und Apfelessig* aufkochen. Die getrockneten Tomaten hineingeben, den Topf vom Herd nehmen, und die Tomaten 5 Minuten ziehen lassen. Danach in einem Sieb abgießen, ohne Druck 1 Stunde abtropfen lassen, anschließend in Olivenöl wie folgt einlegen.

Zutaten II

1	steriles Zwei-Liter-Glas mit Deckel
½ TL	Thymian, getrocknet
2 TL	Rosmarin, getrocknete Nadeln etwas zerkleinern
1 TL	Majoran, getrocknet
1 TL	Dill, getrocknet
2	Lorbeerblätter zerkrümeln
3 TL	Kräutersalz
780 ml	Olivenöl

Zubereitung II

2. Das Öl mit Kräutersalz und den Kräutern vermischen.

3. Die Tomaten im Glas ca. 4 cm hoch schichten, etwas von dem Kräuteröl draufgeben. Lagenweise so verfahren, bis 3 cm vor dem Glasrand.

4. Ca. 14 Tage stehen lassen und dann genießen.
Darauf achten, dass das Öl* immer über den Tomaten steht.

Tipp*

Das Weißwein-Apfelessig-Gemisch auffangen, abkühlen lassen und für Dressings aufbrauchen.

Wenn die Tomaten verzehrt sind, das übrig bleibende gewürzte Öl für Salate, Suppen, andere pikante Speisen oder zum Braten verwenden.

Gurken einlegen

Zutaten

2 kg	kleine Einlegegurken
1 Stückchen	Meerrettich für jedes Glas und
1 Stückchen	Ingwerwurzel
500 g	Zwiebeln, möglichst Perlzwiebeln oder kleine Zwiebeln
	einige Stückchen Knoblauch, wenn Sie mögen
2 EL	Senfkörner
3	Lorbeerblätter
1	aufgeschnittene Peperoni oder Pfefferkörner
2 EL	Pimentkörner
1 Zweig	Estragon für jedes Glas
1	Dillblüte für jedes Glas
1250 ml	Obstessig oder Weinessig
4 EL	Vollmeersalz
3 EL	Honig
	Große sterile Schraubgläser mit Deckel oder sterile Gläser mit Bajonettverschluss

Zubereitung

1. Die Gurken in Wasser gründlich abbürsten, abspülen und trocknen lassen.

2. Meerrettich und Ingwer schälen, abwaschen, trocknen und in Würfel schneiden.
Die Perlzwiebeln ganz lassen, andere Zwiebeln in Spalten oder Ringe schneiden.

3. Die Gurken mit Meerrettich und Ingwerstücken, Zwiebeln, Gewürzen und Kräutern in die sehr sorgfältig gereinigten Gläser schichten. Etwa 3–4 cm vor dem Rand aufhören.

4. Essig mit ¾ l Wasser, Salz und Honig aufkochen und die Gurken mit der kochend heißen Flüssigkeit bedecken. Sofort das Glas verschließen.

5. Am folgenden Tag die Flüssigkeit abgießen, noch einmal aufkochen und wieder kochend heiß über die Gurken gießen. Dabei muss die Flüssigkeit mindestens fingerbreit über den eingelegten Gurken stehen.
Sofort die Gläser verschließen und für mindestens 4 Wochen in einen kühlen dunklen Raum oder Keller stellen.

… was rumliegt, muss fort …

Tipp

für eilige Gurkenfans … die Gurken können auch nach dem Abkühlen sofort verzehrt werden.

Sauerkraut

für original biologische Gärtöpfe mit Wasserrinne und Gläser

Zutaten

Pro kg Bio-Weißkohl 20 g Vollmeersalz
Für jede Lage ca. 8 – 10 Wacholderbeeren und
ca. 3 – 5 Lorbeerblätter
1 TL   Senfsaat
*   Auf Wunsch auch Kümmel, je nach Geschmack*
1   Gärtopf mit Wasserrinne und Deckel
*   Beschwerungssteine*

Zubereitung

1. Weißkohl fein hobeln, pro Kilo 20 g Vollmeersalz hinzufügen und gut kneten. Das Kraut etwa 1 Stunde stehen lassen, damit sich schon jetzt genügend Kohlwasser bildet.

2. In einen gereinigten Gärtopf in Lagen von etwa 4 – 5 cm Höhe den Kohl einlegen und mit der Faust festdrücken.
Auf diese Lage die Wacholderbeeren und Lorbeerblätter legen, dann die nächste Lage einschichten usw.
Sollten Sie während des Krauteindrückens zu viel Krautwasser haben, nehmen Sie etwas von der Flüssigkeit ab.
Füllen Sie den sterilen Topf nicht bis zum Rand, sondern nur etwa zu vier Fünftel.

3. Den Abschluss bildet ein großes Kohlblatt (oder mehrere). Darauf die Beschwerungssteine drücken. Das Kohlwasser muss über dem Kraut stehen. Deckel aufsetzen und in die gereinigte Wasserrinne Wasser geben.
Lagern Sie das Kraut in einem kühlen Raum ca. 6 – 8 Wochen, dann ist der Gärprozess abgeschlossen.

4. Wasserverdunstung in der Wasserrinne beobachten und ständig nachfüllen.

5. Die stets gut gefüllte Wasserrinne mit Deckel ist die Voraussetzung zur Verhinderung des schädlichen Luftzutritts, des Schlechtwerdens der oberen Teile des Sauerkrautes (auch des Sauergemüses), des Eindringens von Spinnen und Fliegen usw.
Es gibt noch eine andere Möglichkeit: Sollten Sie keinen Platz für einen Gärtopf haben, kann man das wertvolle Sauerkraut auch in sterile Gläser

füllen. Gläser empfehlen sich besonders dann, wenn man nur kleine Portionen Gemüse aus dem Garten einsäuern oder aber bestimmte Gemüsemischungen erst einmal ausprobieren möchte.

6. Das Kraut so einschichten wie in einen Gärtopf. Als Beschwerung legen Sie eine Holzscheibe von einem geschälten größeren Buchenast auf das Kraut. Dann einen dünneren geschälten Ast als Abstandshalter vom Deckel zu der Scheibe. Diese beiden Holzteile drücken mittels des geschlossenen Deckels das Kraut nach unten, so dass das Sauerkraut unter der Flüssigkeit bleibt. Beachten Sie aber bitte, dass die Gläser nach dem Gärprozess nicht nur kühl, sondern auch unbedingt dunkel gestellt werden müssen. Aus diesem Grund bedeckt man sie gegebenenfalls mit einem Tuch oder stellt sie in einen alten Pappkarton mit Deckel.

Tipp

Für den, der keine Buche findet – es gibt unbehandelte Frühstücksbretter aus Holz. Daraus eine passende Größe zurechtschneiden. Das Brett mit einem größeren sterilen Kieselstein beschweren.

Pesto

Zutaten

2 Bd.	Basilikum = 100 g
30 – 50 g	Pinienkerne
2	Knoblauchzehen
1 EL	Zitronensaft
	Kräutersalz
	Pfeffer, frisch gemahlen
	Olivenöl

Alle Zutaten im Mixer pürieren. So viel Öl nach und nach zugeben, bis ein streichfähiges Pesto entsteht

Variationen

- Basilikum, Petersilie und frische Brennnesseln zu gleichen Teilen
- Basilikum, Radieschenblätter, Vogelmiere, Giersch
- Basilikum, Petersilie, ½ und ½, etwas frische Minze
- Anstelle von Pinienkernen Sonnenblumenkerne in trockener Pfanne hell anrösten.
- Getrocknete Tomaten oder/und Kapern zugeben

Zubereitung

1. Gewürze wie oben genannt oder nach eigenem Geschmack verwenden.

2. Geriebenen Parmesan nach Belieben untermengen.

3. Pesto in sterilen Schraubgläsern kühl aufbewahren, stets mit Olivenöl bedeckt halten.
Bei Entnahme den Rand gut säubern, damit sich kein Schimmel bilden kann.

Passt als Aufstrich, Gewürz für Dressings, Suppen, Soßen usw.

Frischkost voraus!

*Mit der Frischkost wird der Gehalt
an allen biologischen Wirkstoffen (Vitalstoffen)
garantiert.*

Dr. M. O. Bruker

Frischkornbrei/ Frischkorngericht
ist das Kernstück einer vollwertigen Ernährung

Hier ist das Standardrezept von Dr. M. O. Bruker, bei dem es keine Verträglichkeitsprobleme gibt:

Zubereitung

1. Es wird aus keimfähigem Roggen oder Weizen oder aus einer beliebigen Getreideart oder Getreidemischung hergestellt. Dazu werden pro Person 3 Esslöffel (etwa 50 g) Getreide in einer Getreidemühle, in einem Mixapparat oder einer Kaffeemühle grob geschrotet. Das Mahlen muss jedesmal frisch vor der Zubereitung vorgenommen werden. Nicht auf Vorrat mahlen! Dabei spielt es keine Rolle, ob die Getreidemühle mit Mahlsteinen oder einem Stahlmahlwerk arbeitet.

2. Das gemahlene Getreide wird mit ungekochtem, kaltem Leitungswasser zu einem Brei gerührt und 5 – 12 Stunden bei Zimmertemperatur stehen gelassen. Die Wassermenge ist so berechnet, dass nach der Quellung nichts weggegossen zu werden braucht. Nach 5 – 12 Stunden wird dieser Brei tischfertig gemacht durch Zusatz von frischem Obst (je nach Jahreszeit), Zitronensaft, 1 Esslöffel Sahne (oder mehr) und geriebenen Nüssen.

3. Solange verfügbar, sollte man immer einen Apfel hineinreiben und sogleich untermischen, bevor er braun wird. Der geriebene Apfel macht den Frischkornbrei luftig und wohlschmeckend.
Es ist ohne Belang, zu welcher Tageszeit dieses Gericht genossen wird.

Auch die Zubereitung nach Dr. med. Evers ist zu empfehlen:

Drei Esslöffel Roggen oder Weizen (keine Mischung) werden über Nacht (5 – 12 Stunden) mit ungekochtem, kaltem Wasser eingeweicht. Am Morgen werden die Körner in einem Sieb mit frischem Wasser gespült. Tagsüber bleiben sie (mit einem Tuch oder Teller bedeckt) trocken stehen. Am Abend werden sie wieder mit Wasser übergossen, am nächsten Morgen wieder gespült. Dieser Vorgang wird so lange fortgesetzt (im Durchschnitt 2 – 3 Tage), bis die Körner keimen und die Keimlinge 2 – 3 mm lang sind. In der Keimzeit sollen die Körner möglichst bei Zimmertemperatur stehen (d. h. nicht zu kalt und nicht zu warm). Diese gekeimten Körner können mit Zutaten versehen werden, wie beim Frischkorngericht angegeben. Sie sind gründlich zu kauen.

Der Ratschlag, Roggen und Weizen getrennt zum Keimen aufzustellen, beruht darauf, dass die beiden Getreidearten verschieden lange Keimzeiten haben.

Diese seit Jahrzehnten bewährte Zubereitungsart ist für jeden bekömmlich. Auch für Magen-Darmempfindliche. Sie sollten den Frischkornbrei allerdings genau so herstellen, wie es im Rezept angegeben ist, denn diese Art hat sich bewährt. *Stellen Sie das Gericht nicht mit Milch, Sauermilch, Quark oder Joghurt her. Bei Leber-, Galle-, Magen-, Darm- und Bauchspeicheldrüsenkranken oder bei Empfindlichkeiten im Magen-Darm-Bereich kann diese Getreide-Obst-Milch-Kombination zu Beschwerden führen.*

Frischkornbrei pikant
Getreide keimen lassen und über Salate streuen oder unterheben.

⟶

Resteverwertung Frischkornbrei

Frischkornkuchen für eine Springform von 26 cm ⌀

Zutaten Teig

230 g	Weizen fein mahlen
125 g	Sahne-Wasser (½ und ½)
20 g	Hefe
30 g	Honig
30 g	Butter zerlassen (1 TL zurückbehalten)
1 MS	Vollmeersalz
	abgeriebene Schale einer Zitrone

Zutaten Belag

60 g	Butter
120 g	Honig
3 EL	Sahne
1 MS	Vanillegewürz
200 g	Mandelplättchen oder gestiftelte Mandeln
500 – 600 g	Frischkornbrei-Reste

Teig – Zubereitung

1. Frisch gemahlenes Vollkornmehl in eine Schüssel geben. Eine Mulde hineindrücken und darin die Hefe in etwas Sahne-Wasser auflösen und zu einem Brei rühren. Mit Mehl bestreuen und ca. 10 Minuten gehen lassen.

2. Honig, zerlassene Butter, Salz und Zitronenabrieb mit dem gegangenen Teig gut verkneten, bis er geschmeidig ist. Mit dem Teelöffel Butter rundum bestreichen. 30 Minuten gehen lassen.

Belag – Zubereitung

3. Butter, Honig, Sahne und Vanille aufkochen, Mandelplättchen unterrühren, dann abkühlen lassen. Den Backofen auf 200 °C vorheizen.

4. Den gegangenen Hefeteig in die gebutterte Springform drücken und einen ca. 3 cm hohen Rand ziehen.
Den Frischkornbrei auf dem Teig verteilen. Den Mandelbelag gleichmäßig darauf verstreichen. Einige Minuten gehen lassen.

… was rumliegt, muss fort …

5. Im vorgeheizten Backofen bei 200 °C auf mittlerer Schiene 25 Minuten backen.
Die Oberfläche des gebackenen fertigen Kuchens sollte farblich einem gebackenen Bienenstich ähneln.

6. Auf einem Gitter auskühlen lassen. Mit einem Messer vorsichtig den Kuchen vom Springformrand lösen.
Den Kuchen mit Sahnetupfen und Früchten garnieren.

Dieses Rezept erfand Erika Richter, weil im Praxis-Seminar (mit 16 Teilnehmern) manchmal Reste vom Frischkornbrei übrig blieben.
  Falls bei Ihnen zu Hause mal ein Rest bleibt, ist er vermutlich wesentlich kleiner und kann auch noch am nächsten Tag gegessen werden.

Das o. g. Kuchenrezept schmeckt (auch ohne Frischkornbrei) lecker wie Bienenstich.
  Und wenn bei Ihnen Obst herumliegt, das nicht mehr so toll aussieht, können Sie es bei diesem Kuchen mit gutem Gewissen verarbeiten.

Salatsoßen

Frankfurter grüne Soße

Goethes Lieblingsessen

Zutaten

Die Originalsoße enthält sieben Kräuter: krause Petersilie, Schnittlauch, Sauerampfer, Borretsch (Gurkenkraut), Kresse, Kerbel, Pimpinelle.

Zubereitung

Zerkleinerte Kräuter mit Essig, Öl, Pfeffer und Salz mixen. Schmand unterziehen.

Passt zu Pellkartoffeln, Salaten, Bratlingen. Schmeckt auch als Brotaufstrich.

Variante

Kräuter nach Belieben dazugeben … Maggikraut, Brennnessel, Dill, Thymian, etwas Knoblauch, Senf etc.

… was rumliegt, muss fort …

Orangen-Zitronen-Soße

Zutaten

1	Orange	} Saft auspressen
1	Zitrone	
1	Knoblauchzehe, fein hacken	
1 TL	Honig	
1 TL	Senf	
3 EL	Olivenöl	
1 PR	Pfeffer, frisch gemahlen	
1 PR	Vollmeersalz	

Alles miteinander verrühren.

Tipp

Die Schalen hauchdünn abreiben oder mit einem Zestenreißer (spezieller Schäler) abziehen. Gerieben oder zerkleinert in Honig eingelegt, steht damit ein aromatisches Zitronat/Orangeat für Süßspeisen, Eis, Gebäck, Pfannkuchen etc. zur Verfügung.

Grundsoße für Salate

Zutaten

4 EL	Sonnenblumenöl oder Olivenöl
2	Zwiebeln, mittelgroß, in feine Würfel schneiden
3 EL	Obstessig oder Balsamico, weiß
1 Bd.	Schnittlauch in Röllchen schneiden
1 Bd.	Petersilie ⎫
1 Bd.	Dill ⎬ fein gehackt
	Kräutersalz
	Harissa oder frisch gemahlener Pfeffer

Zubereitung

1. Zwiebeln mit dem Öl verrühren, alle anderen Zutaten hinzufügen und gut vermischen.
Die Soße muss kräftig abgeschmeckt werden.

2. Diese Grundsoße können Sie mit Schmand, süßer Sahne, Tomatenmark, Senf, Meerrettich, Zwiebeln, Kurkuma, Curry oder anderen Gewürzen/Kräutern verändern.

3. Stellen Sie eine größere Menge her. Mit Sahne hält sie sich 3 – 4 Tage im Kühlschrank.
Die Essig-Öl-Soße mit Kräutern (ohne Schmand) hält sich länger.

Tipp

Wenn Sie die Soße einige Tage aufbewahren wollen, dann ohne Zwiebeln zubereiten, da Zwiebeln schnell gären können. Also Zwiebelwürfel erst kurz vor dem Anrichten zugeben.

… was rumliegt, muss fort …

Gerstenremoulade

Zutaten

100 g	Nacktgerste mit	} über Nacht einweichen, danach 20 Minuten
	2 Tassen Wasser	kochen, dann ausquellen lassen

2	Frühlingszwiebeln oder helle Teile vom Lauch fein schneiden
1	Salatgurke oder ½ Paprika, ½ Zucchini } in kleine Würfel schneiden
1 MS	Harissa oder Pfeffer, frisch gemahlen
2 EL	Kapern
250 g	Schmand
1 EL	Zitronensaft
	eventuell 1 MS Kümmelpulver
	Kräutersalz

Zubereitung

Alles miteinander vermengen. Pikant abschmecken.
Passt zu fast allen Salaten, Pellkartoffeln, Bratlingen und Brot.

Cashew-Remoulade

Zutaten

60 g   Cashewkerne oder Sonnenblumenkerne einige Stunden mit Wasser bedeckt einweichen

120 g   kleine Gewürzgurken
2 EL   Kapern   } fein würfeln
70 g   Zwiebel

200 g   Schmand
        Kräutersalz
        Pfeffer
        Petersilie, Senf oder Kräuter Ihrer Wahl

Zubereitung

1. Cashew- oder Sonnenblumenkerne fein reiben oder mixen.

2. Gewürzgurken fein würfeln, Kapern und Zwiebeln ebenso.

3. Alles mit Schmand verrühren. Mit Kräutersalz und Pfeffer abschmecken. Mit gehackter Petersilie, Senf oder Kräutern Ihrer Wahl abrunden.

Alternative

Wildkräuterremoulade aus 4 – 5 Sorten herstellen, zum Beispiel Bärlauch, Brennnessel, Gänseblümchen, Giersch, Löwenzahn, Pimpinelle, Sauerampfer, Spitzwegerich, Vogelmiere, Wiesenschaumkraut … oder was Sie sonst noch kennen. Kostet nichts und enthält wichtige Vitalstoffe – mehr als kultivierte Kräuter.

Tipp

Wer sich damit nicht auskennt, wird durch das kleine Wildkräuter-Taschenbuch von Margarete Vogl schlau gemacht (emu-Verlag).

… was rumliegt, muss fort …

Frischkost-Kombinationen

Unter der Erde gewachsene Gemüsesorten

Schwarzwurzeln: fein gerieben, vermengt mit süßer Sahne und Kokosraspeln

Maiskörner: (von frischen, zarten Bio-Maiskolben) mit roten Zwiebeln, Tomaten, Avocado, Gurke, frischer Minze

Möhren: gerieben, mit geriebenen Äpfeln, Nüssen, Zitrone oder als Salat mit fein geschnittener Zwiebel, Öl, Zitrone, Schnittlauch, Petersilie vermengt

Rote Bete: fein gerieben mit Äpfeln, Zitrone, Schmand, Nüssen

Sellerie: fein gerieben mit Nüssen, süßer Sahne

Steckrüben: fein gerieben mit Sahne, Zitrone, Öl, grüner Petersilie

Rettich oder Radieschen: mit grüner Petersilie oder Tomaten, Zwiebeln, Schnittlauch, Öl, Pfeffer

Pastinaken: fein gerieben, Zitrone, süße Sahne, geriebene Nüsse oder wie beim Möhrensalat

Topinambur: grob reiben, etwas Öl und Nüsse

Über der Erde gewachsene Gemüsesorten

Kohlrabi: mit Öl, grüner Petersilie oder mit süßer Sahne und geriebenen Nüssen

Blumenkohl: fein gerieben mit süßer Sahne, geriebenen Nüssen oder Kokosraspeln

Weißkohl: fein gewiegt, mit Öl, Zitrone oder Obstessig, Schnittlauch, Petersilie, schwarzem Pfeffer oder Kümmel

Rotkohl: fein gewiegt, mit Öl, Zitrone, Äpfeln, Nelken

Gurken: mit Schale in feine Scheiben schneiden, mit Schmand oder Öl, Obstessig, Dill, Petersilie, Schnittlauch, schwarzem Pfeffer

Blattsalat und Endivien: etwas zerschnitten, mit Sahne, Öl, Zitrone, Obstessig, grünen Kräutern

Feldsalat: Öl oder Sahne, Obstessig

Spinat: in feine Streifen geschnitten, vermengt mit Öl, Zitrone, Zwiebeln

⟶

Sauerkraut: etwas schneiden, vermengen mit fein geschnittenen Zwiebeln, geraffeltem Apfel, Öl, Kümmel, Porree, geriebenem Meerrettich
Tomaten: Öl, Zwiebel, Obstessig

Ein gutes Leben leben

Der Hauptbestandteil des Abendessens war ein richtig großer Salat, genug, um mindestens einen überquellenden Teller pro Person zu ergeben. Dies war ein Frucht- oder Gemüsesalat, abhängig von der Ernte. In einer großen Schüssel mischten wir Zitronen- oder Limonensaft mit Hagebuttensaft und Olivenöl. Darin schnitten wir Paprika, Sellerie, Zwiebeln, Rettiche, Petersilie, Tomaten, Gurken, Salate – was immer gerade im Garten wuchs. Manchmal rieben wir auch Rüben, Karotten, Squash (Kürbis), Sellerieknollen und machten daraus einen kompletten Salat mit Sellerie, Nüssen und Rosinen, Zitronen und Öl. Im Winter war Weiß- oder Rotkohl die Grundlage des Salats. Dazu kamen geschnittene Äpfel, Nüsse, Orangen oder Grapefruit und Sellerie. Im Sommer waren es Spargelspitzen, rohe junge Erbsen oder frischer Mais. Wir ernteten den Salat direkt vor der Zubereitung und bereiteten ihn kurz vor dem Essen zu. So wurden alle Vitamine erhalten.

*Helen und Scott Nearing
„Ein gutes Leben leben"
pala-verlag*

… was rumliegt, muss fort …

Feldsalat mit Kartoffelsoße

Zutaten

Pro Person ca. 50 g Feldsalat und eine halbe Kartoffel.
Frisch gekochte Kartoffeln oder Restepellkartoffeln durch die Kartoffelpresse drücken.

Pro Person

1 EL	Sonnenblumenöl
½	Zwiebel in feine Würfel schneiden und mit Öl vermischen
1 EL	Petersilie, fein geschnitten
1 EL	Schnittlauchröllchen
1 TL	Obstessig oder Balsamico
	Kräutersalz
	Pfeffer, frisch aus der Mühle
2 EL	Schmand

Zubereitung

1. Sonnenblumenöl mit den gehackten Zwiebeln vermischen.
Fein gehackte Petersilie, Schnittlauchröllchen, Essig, Kräutersalz, Pfeffer hinzufügen und verrühren.

2. Gepresste Kartoffeln und Schmand mit einem Schneebesen cremig aufschlagen. Die Masse sollte wie Mayonnaise aussehen.

3. Zur kräftig abgeschmeckten Salatsoße geben und vermischen. Nochmals pikant abschmecken.
Soße über den Feldsalat gießen und locker vermengen.

Tipp

Frisch gekochte Kartoffeln nach dem Pressen abkühlen lassen und zuerst mit etwas Öl verrühren. Wenn man heiße Kartoffeln mit kalter Salatsoße (Schmand) vermischt, können sie zäh und klebrig werden.

Feldsalat mit Linsen

Zutaten

200 g	Linsen
600 ml	Gemüsebrühe
200 g	Feldsalat
½ Bd.	Basilikum
3 EL	Balsamico-Essig weiß
1 TL	Kräutersalz
	frisch gemahlener Pfeffer oder Harissa
4 EL	Olivenöl
2	Äpfel

Zubereitung

1. Linsen in der Gemüsebrühe bissfest, aber nicht breiig kochen. Absieben, dabei die Flüssigkeit auffangen.

2. Aus der Brühe mit Basilikum, Balsamico-Essig, Salz, Pfeffer und Öl ein Dressing rühren und die Linsen unterheben.

3. Äpfel in kleine Streifen schneiden, mit Feldsalat und Linsen vermischen.

Dazu passen geröstete Knoblauchbrotwürfel.

Tipp

Wenn Linsen einige Stunden vorher eingeweicht werden, verkürzt sich die Kochzeit erheblich und spart somit Energie.
   Die Garzeit hängt von der Linsensorte ab. Also nach 10–15 Minuten Köcheln probieren, ob sie Ihrem Geschmack schon entsprechen.

„Die Nachfrage nach preisgünstigem, pflanzlichem Eiweiß wird mit wachsender Weltbevölkerung zunehmen. Den Eiweißbedarf über die Tierhaltung zu decken, scheitert ganz einfach am zu hohen Flächenbedarf für das Futter ... Der Anbau von Linsen, Bohnen und Erbsen müsste eigentlich schon jetzt in Deutschland und in der EU stark gefördert werden. Wie schnell sich diese Einsicht bei den verantwortlichen politischen Gremien durchsetzen wird, hängt erfahrungsgemäß von einer guten Lobbyarbeit ab. Aber ... Linsen haben noch keine Lobby!"

Quelle: „Alb-Leisa, Linsen von der Schwäbischen Alb"
von Thomas Stephan und Woldemar Mammel
Herausgegeben vom ÖKO-EZG „Alb-Leisa" in 89584 Lauterach
www.alb-leisa.de
oder E-Mail: info@lauteracher.de

Die cleveren Schwaben haben sich zusammengetan, um dieses nahrhafte Gemüse wieder effektiv anzubauen. Helfen Sie durch hartnäckiges Nachfragen in Ihrem Bioladen oder bei anderen Anbietern mit, diese Initiative und damit die Linsenbauern zu unterstützen.

Möhren-Lauch-Frischkost

Zutaten

400 g	Möhren fein raspeln
300 g	Lauch sehr fein schneiden
2 – 3 EL	Zitronensaft
	Kräutersalz
	Pfeffer aus der Mühle
6 EL	kaltgepresstes Sonnenblumenöl oder Olivenöl
1 EL	gehackte Haselnüsse

Zubereitung

1. Möhren waschen und fein raspeln. Den Lauch waschen und in feine Streifen schneiden. Möglichst nur helle Teile verwenden, die dunklen für ein gekochtes Gericht oder Gemüsebrühe oder Kräutersalz verwenden.

2. Zitronensaft und Gewürze vermischen, das Öl tropfenweise mit einem Schneebesen einrühren.

3. Die geraspelten Möhren, die feinen Lauchstreifen und die Haselnüsse mit dem Dressing vermengen.

Milde Variante

½ Banane mit einer Gabel fein zerdrücken und mit der Soße verrühren oder geraffelte süß-saure Äpfel untermengen.

Tipp

Hellen Lauch erst dort abschneiden, wo die dunkelgrünen Teile holzig werden. Dann den Lauch der Länge nach aufschneiden, um ihn zu waschen.

… was rumliegt, muss fort …

Waldorfsalat

Zutaten

200 g	Schmand
1 geh. TL	Senf
½ TL	Salz
1 – 2 MS	schwarzer Pfeffer, frisch gemahlen
200 g	Knollensellerie schälen, in feine Streifen/Stifte schneiden
200 g	Äpfel, süß-sauer, ungeschält, aber entkernt in feine Streifen/Stifte schneiden
	Saft einer halben Zitrone
80 g	Walnüsse, grob gehackt

Zubereitung

1. Schmand, Senf, Salz, Pfeffer mit dem Schneebesen verrühren. Pikant abschmecken.

2. Fein geschnittenen Knollensellerie und Äpfel sofort mit Zitronensaft beträufeln, damit sie nicht braun werden.

3. Alle Zutaten miteinander vermengen. Mit gehackten Nüssen bestreuen. Möglichst bald verzehren. Bei längerem Stehen zieht der Salat Wasser.

Tipp

Salatreste in ausgehöhlten Tomaten (oder Gurkenhälften) zur nächsten Mahlzeit servieren.

Die „Innereien" von Tomaten/Gurken im Schraubglas im Kühlschrank aufbewahren. Für die nächste Suppe/Soße verwenden.

Waldorfsalat wurde 1893 von dem Schweizer Oberkellner Oscar Tschirky (1866 – 1950) für das Hotel Waldorf-Astoria in New York entwickelt.

Tschirky veröffentlichte 1896 die Rezeptur in seinem „Oscar of the Waldorf's Cook Book".

Im Original stellte Tschirky ihn mit Mayonnaise her, die wir hier durch Schmand ersetzen. Wir fügen Walnüsse hinzu, die bei Tschirky noch nicht dabei waren.

Weißkohlsalat

Zutaten

500 g	Weißkraut oder Spitzkohl fein hobeln
½ TL	Kräutersalz
5 EL	Sonnenblumenöl
1	große Zwiebel fein würfeln
	Pfeffer, frisch aus der Mühle
1 MS	Paprikapulver
1 MS	Cayennepfeffer
½ TL	gemahlener Kümmel
1 TL	getrockneter Majoran, gerebelt
	Saft einer Zitrone
1	rote Paprikaschote ⎫ in kleine Würfel schneiden
1	großer Apfel ⎭
1 – 2 EL	Petersilie, fein gehackt

Zubereitung

1. Weißkraut und Salz mischen und mit der Hand kneten, ca. ½ Stunde stehen lassen.

2. Aus Öl, Zwiebelwürfeln, Pfeffer, Paprikapulver, Cayennepfeffer, Kümmel, getrocknetem Majoran (in den Händen zerreiben) und Zitronensaft eine Marinade herstellen.
Zerkleinerte Paprikaschote und Apfel zu dem Weißkraut geben.

3. Die Marinade über die Salatmasse gießen und gründlich vermischen.
Mit gehackter Petersilie bestreuen.

Tipp

Salatreste für Suppen oder Frikadellen verwenden.
    Oder Reste in ausgehöhlte Tomaten, Gurken oder Paprikaschoten füllen, mit gehackten Kräutern bestreuen.
    Es ahnt keiner, dass es sich um Reste handelt.
    Das Innere von Tomaten/Gurken für die nächste Suppe oder Soße aufheben.

… was rumliegt, muss fort …

Allerleisalat –

ein Mix aus Frischem und Gekochtem

Buchweizensalat

Zutaten

200 g	Buchweizen
1 l	Gemüsebrühe oder 1 l Wasser + 2 Lorbeerblätter + 1 EL Öl und ½ TL Vollmeersalz

4	Schalotten	
500 g	Tomaten	oder andere Gemüsereste in kleine Würfel schneiden
200 g	Champignons	
1 Bd.	Schnittlauch in Röllchen schneiden	
4 EL	Olivenöl	
3 EL	Essig	
1 TL	Kräutersalz	
	Pfeffer oder Harissa	
	einige Blätter Kopfsalat	
	Sonnenblumenkerne	

Zubereitung

1. Gemüsebrühe zum Kochen bringen. Buchweizen darin 5 – 10 Minuten köcheln, dann ausquellen lassen. Danach in einem Sieb abtropfen. Lorbeerblätter entfernen.

2. Zerkleinerte Schalotten, Tomaten, Champignons, Schnittlauchröllchen mit Öl, Essig, Kräutersalz und Pfeffer oder Harissa verrühren.
Buchweizen damit vermengen. Salat 10 Minuten durchziehen lassen.

3. Eine Schüssel mit Salatblättern auslegen. Den Buchweizensalat in die Mitte setzen.
Mit Champignonscheiben und frischen Kräutern garnieren.
Sonnenblumenkerne in trockener Pfanne hellbraun rösten und über den Salat streuen.

Salatreste

mit frischen Kräutern und Gemüse aufpeppen.
    Oder Reste in ausgehöhlten Tomaten, Gurkenschiffchen oder Paprika servieren.

… was rumliegt, muss fort …

Hafersalat

Zutaten

400 g	Sprießkornhafer (Nackthafer)
800 g	Wasser
1 TL	Currypulver
1,5 TL	scharfer Senf
60 g	Korinthen
60 g	Butter oder Öl

450 g	Schmand	
2 – 3 EL	Zitronensaft	
1 – 2 TL	Honig	} cremig rühren
2 – 3 TL	Kräutersalz	
	Harissa oder weißer Pfeffer, frisch aus der Mühle	

50 g	Schalotten in feine Scheiben schneiden	
300 g	kleine Äpfel	} fein stifteln
200 g	Karotten	
60 g	Haselnüsse grob hacken	
2 geh. EL	Petersilie, fein geschnitten	

Zubereitung

1. Hafer über Nacht im Wasser einweichen.

2. Am nächsten Tag vor der Zubereitung Curry, Senf, Korinthen zugeben und 15 Minuten kochen lassen. Achtung, eventuell etwas Flüssigkeit nachfüllen. Herdplatte ausschalten.
Butter hinzufügen, Deckel auflegen, 15 – 20 Minuten ausquellen lassen.

3. Schmand, Zitronensaft, Honig, Kräutersalz und Harissa oder Pfeffer cremig rühren.

4. Abgekühlten Hafer mit allen Zutaten vermischen.
Der Salat sollte kräftig abgeschmeckt sein, eventuell noch nachwürzen.
Mit Petersilie bestreuen.

⟶

Tipp

Getreide ohne Salz kochen, da die Körner dann besser quellen.

Für einen Frischkostsalat sollte das Gemüse knackig sein. Aber „Angewelktes" kann wunderbar in Buchweizen-, Hafer-, Hirse-, Nudel- oder Kartoffelsalat versteckt werden. Es schmeckt niemand heraus, dass es überfällige Reste waren.

… was rumliegt, muss fort …

Hirse-Pilz-Salat

Zutaten

100 g	Hirse
500 ml	Gemüsebrühe

20 g	Butter
300 g	Pfifferlinge putzen, **nicht** waschen
2 EL	Zitronensaft

3 EL	Balsamico-Essig, weiß
2 EL	Wasser
4 EL	kaltgepresstes Öl
2 TL	körnigen Senf
½ TL	Honig
	Chilisalz und Pfeffer

} verrühren

2	Frühlingszwiebeln mit Grün zerkleinern
1	Chicorée in ca. 1 cm breite Streifen schneiden
4 EL	Schmand

2 Bd.	Rucola (Rauke) nicht zu klein schneiden
2 EL	Cashewkernbruch zum Bestreuen

Zubereitung

1. Hirse in der Gemüsebrühe 6 Minuten kochen. Temperatur ausschalten. 15 Minuten im geschlossenen Topf quellen lassen.

2. Butter erhitzen, die geputzten Pfifferlinge darin kurz anbraten. Mit Zitronensaft würzen.

3. Essig, Wasser, Öl, Senf, Honig, Salz und Pfeffer verrühren. Mit klein geschnittenen Frühlingszwiebeln und Chicorée sowie Schmand vermengen. Hirse und Pfifferlinge unterheben.
Ca. 20 Minuten durchziehen lassen.

4. Vor dem Servieren Rucola locker untermischen. Den Salat mit Cashewkernen bestreuen.

⟶

Tipp:

Und wenn ein Salatrest bleibt, weil alle satt sind?

Mittelgroßen Tomaten den Deckel abschneiden. Das Innere mit einem Löffel herausnehmen, in einem Schraubglas im Kühlschrank verwahren für die nächste Soße oder Suppe.

Salatrest einfüllen, Tomatendeckel aufsetzen. Als kleinen Dekohappen zur nächsten Mahlzeit oder zwischendurch.

… was rumliegt, muss fort …

Bunter Kartoffelsalat

Zutaten

750 g	Salatkartoffeln oder Reste-Pellkartoffeln
	Kümmel nach Belieben
120 g	Zwiebeln fein würfeln
	Kräutersalz
¼ l	heiße Gemüsebrühe
1 TL	Senf
4 EL	Kräuteressig oder Obstessig
1 TL	Kräutersalz
	Harissa oder schwarzer Pfeffer, frisch gemahlen
5 EL	Olivenöl
2	Tomaten vierteln oder achteln
2	hartgekochte Eier – wer möchte
1 kleines Bd.	Petersilie, fein gehackt

Zubereitung

1. Kartoffeln mit der Schale und Kümmel in Salzwasser kochen. Kartoffeln abpellen, erkalten lassen, am besten über Nacht. Oder Reste-Pellkartoffeln verwenden. In etwa drei Millimeter dicke Scheiben schneiden.

2. Gewürfelte Zwiebeln mit den Kartoffelscheiben und etwas Kräutersalz vermengen.

Marinade

3. Heiße Gemüsebrühe mit Senf, Essig, Kräutersalz, Harissa oder Pfeffer und Öl verrühren.

4. Marinade über die Kartoffeln gießen und vorsichtig untermischen. 1 Stunde ziehen lassen.

5. Eier pellen, achteln und den Salat damit garnieren, ebenso mit den Tomaten.
Salat mit fein gehackter Petersilie bestreuen.

Kartoffelsalat mit Schmand

Zutaten

750 g	Kartoffeln oder Reste-Pellkartoffeln verwenden

1,5	Becher Schmand
2 TL	Kräutersalz
¼ TL	Harissa oder Pfeffer frisch aus der Mühle
2 EL	Obstessig
120 g	Zwiebeln, fein gewürfelt
¼ Bd.	Petersilie, fein gehackt

2	saure Gurken, in Scheiben schneiden	} oder würfeln
100 g	frische Gurke in Scheiben schneiden	
200 g	Tomaten achteln	
1 Bd.	Schnittlauch in Röllchen schneiden	

Zubereitung

1. Kartoffeln kochen, abpellen und erkalten lassen (oder Reste-Pellkartoffeln). Danach in Scheiben schneiden.

Marinade

2. Schmand mit Salz, Harissa oder Pfeffer, Essig, Zwiebelwürfeln, gehackter Petersilie verrühren, dann mit zerkleinerten Gurken und Kartoffelscheiben mischen.

Garnieren

Salat mit Tomaten und Schnittlauchröllchen garnieren.
   Nach Belieben mit hart gekochtem Ei – geviertelt oder in Scheiben – dekorieren.

… was rumliegt, muss fort …

Westerwälder Kartoffelsalat

Zutaten

1 kg	Kartoffeln oder Reste-Pellkartoffeln
2	Zwiebeln würfeln
5 EL	Sonnenblumenöl, kalt gepresst

4 EL	Obstessig	
1 EL	Tomatenmark	
½ TL	Kräutersalz	verrühren
1 TL	Kräutersenf	
200 g	Schmand	

4	Schalotten	
1 – 2 Bd.	Radieschen	in feine Scheiben schneiden
1 EL	Petersilie, gehackt	

Zubereitung

1. Kartoffeln als Pellkartoffeln garen, danach pellen. Gut abkühlen lassen und in Scheiben schneiden.

2. Gewürfelte Zwiebeln in Öl geben und einige Minuten ziehen lassen.

3. Essig, Tomatenmark, Kräutersalz, Senf und Schmand gut verrühren, die Zwiebeln mit dem Öl zugeben.

4. Schalotten und Radieschen in feine Scheiben schneiden. Mit den Kartoffelscheiben in die Salatsoße geben. Alles gut vermengen und 1 Stunde durchziehen lassen.

5. Mit Radieschen, Radieschenblättern und Petersilie garnieren.

Orient-Salat

Zutaten

200 g	Hartweizen grob schroten wie Bulgur
300 ml	Gemüsebrühe
1	kleine rote Zwiebel in Ringe schneiden und in etwas Öl einlegen.
1	Tomate ⎫
1	fingerlanges Stück Gurke ⎬ würfeln
1 Bd.	glatte Petersilie, Petersilienstengel in kleine Röllchen schneiden, Petersilienblätter nicht zerkleinern
1 – 2 EL	Essig
3 – 4 EL	Olivenöl
	Kräutersalz
	Pfeffer, frisch gemahlen
	einige Minzeblättchen
	einige Melisseblättchen
½ Bd.	Schnittlauch in Röllchen schneiden

Zubereitung

1. Die Gemüsebrühe mit dem Hartweizenschrot verrühren und ca. 10 Minuten köcheln, dabei mit einem Holzlöffel vorsichtig durchrühren. Danach abkühlen lassen.
Gemüse und Kräuter wie oben beschrieben zubereiten.

2. Aus Essig, Olivenöl, Kräutersalz, Pfeffer, Minze- und Melissenblättchen sowie klein geschnittenen Petersilienstengeln eine Soße rühren und kräftig abschmecken.

3. Den abgekühlten Hartweizen mit der Soße vermischen.
Tomate und Gurke mit den in Öl eingelegten Zwiebelringen und den nicht zerkleinerten Petersilienblättchen unter die Getreidemasse heben.
Nochmals abschmecken.
Mit Schnittlauchröllchen bestreuen.

… was rumliegt, muss fort …

Suppen

Kochbücher und kein Ende

Der Vergleich von alten und neuen Kochbüchern öffnet am leichtesten die Augen für die Tatsache, dass das, was früher selbstverständlich war, heute nicht mehr so einfach vorausgesetzt werden kann.
Selbst in den Spezialzeitschriften für die ambitionierten Hobbyköche beginnt jedes Rezept bei Null. Kein simples Kartoffelpüree, das nicht mit dem Schälen und Waschen einer genau angegebenen Menge von ausdrücklich mehligen Kartoffeln anfängt – während alte Rezepte, wenn überhaupt, erst da einsetzen, wo das Stampfen mit der nicht näher bezeichneten Menge kochender Milch, die gehörige Menge Butter und die abschließende Spur Muskat die Güte des Gerichts bestimmen ...
Es fehlt der ehemals sichere Boden der Tradition. Und deshalb brauchen wir offenbar die vielen Kochbücher, die uns das verlorene Unmittelbare und Intensive versprechen, das Regionale und Exotische. Wer sich in Buchhandlungen die Küchenecke ansieht, entdeckt einen blühenden Markt und dahinter eine große Sehnsucht.

SWR-Sendung vom 1.4.1993

2017 – 24 Jahre später – ist die Flut von Kochbüchern, Koch-Shows und Koch-Events kaum noch zu toppen.

———

Haben Sie den Mut, auch ohne Waage und Messbecher Reste zu verwerten! Suppen sind dazu ein gutes Übungsfeld.
    Bratlinge und der Falsche Hase übrigens auch ... siehe Seite 167 ff.

... was rumliegt, muss fort ...

Dicke Suppe

„An dem schmalen Tisch setzte Bride sich auf einen Stuhl mit einem Zierkissen und sah zu, wie Queen eine dicke Suppe in die Schalen löffelte. Brocken von Hühnerfleisch schwammen neben Erbsen, Kartoffelstücken, Maiskörnern, Tomaten, Sellerie, grünem Paprika, Spinat und Suppennudeln. Die kräftigen Gewürze konnte Bride nicht herausschmecken – Curry? Kardamom? Knoblauch? Cayennepfeffer oder schwarzer oder roter Pfeffer? Aber das Resultat war Manna für sie. Queen stellte noch einen Korb mit warmem Fladenbrot dazu, dann setzte sie sich zu ihrem Gast und sprach ein Tischgebet. Es folgten lange, wortlose Minuten des Genießens."

Aus „Gott, hilf dem Kind" von
Toni Morrison, Rowohlt 2017

Zubereitung

1. Bis auf die Brocken Hühnerfleisch habe ich die Suppe mit **allen** genannten Zutaten und selbst hergestellter Gemüsebrühe gekocht. Nach dem Motto „… was rumliegt, muss fort" packte ich noch eine Handvoll grüne Bohnen dazu.

2. Alle oben genannten Gewürze kamen hinein und etwas Peperonisalz. Vom Currypulver nahm ich einen gehäuften Teelöffel.
Es ergibt eine richtig dicke Rumfortsuppe. Nichts kann dabei schiefgehen. Würzen bleibt jedem überlassen, wie er es gern hat.

Also alles in allem empfehlenswert.
    Der Roman übrigens auch.

Rumfortsuppe I

„Heute gibt es Rumfortsuppe", sagte Erika Richter mir eines Tages. Meine Frage: „Was ist das denn?" Erika: „Na, was rumliegt, muss fort." So war sie in ihrem trockenen Humor.

Ob Radieschenblätter, schlappe Mohrrüben, Zwiebel(reste), Fenchel, Sellerie, Lauch, Salat, müde Kräuter oder die dicken Stiele davon, andere Gemüsesorten – außer Rotkohl und Rote Bete kommt alles in einen großen Topf. Zusammengekochtes nannte man es früher – oder Eintopf. Heute heißt es verenglischt One-Pot oder One-Pot-Pasta.

Die Zubereitung ist unkompliziert. Das Ergebnis sättigt, schmeckt vorzüglich und sieht gut aus.

Zubereitung

1. Für unseren Zwei-Personen-Haushalt nehme ich den größten Topf (3 l). Fast bis an den Rand (2 Finger breit darunter) fülle ich ihn mit mundgerecht zerkleinertem Gemüse.
So viel Brühe oder Wasser zugießen, bis das Gemüse bedeckt ist.
15 – 20 Minuten köcheln lassen. Das Gemüse soll noch Biss haben, also nicht zerkocht sein.

2. Mit Gewürzen, Apfelessig und Kräutersalz abschmecken. Mit frisch gehackten Kräutern servieren.

3. Auf jede aufgefüllte Portion einen Lauf Olivenöl geben.
Die Menge reicht für drei bis vier hungrige Personen. Für unseren Minibedarf koche ich trotzdem so viel, denn wir essen die Suppe am nächsten oder übernächsten Tag noch einmal aufgewärmt. Und jedes Mal sagt einer von uns: „Ich finde, sie schmeckt jetzt noch besser als frisch gekocht."

Tipp

Eine Handvoll getrocknete Steinpilze mitkochen. Das gibt ein ganz besonderes Aroma.

Wenn vom Rest noch ein Rest bleibt, im Schraubglas kühl aufbewahren für die nächsten pikanten Suppen/Soßen.
Dann einfach – eventuell püriert – unterrühren.

Rumfortsuppe II

Zutaten

500 g	grüne Bohnen putzen, in mundgerechte Stücke schneiden
300 g	Kartoffeln, mit Schale verwenden, würfeln
3	Stangensellerie mit Selleriegrün in 1 cm große Stücke schneiden
2	Mohrrüben, mittelgroß, raffeln
1 Handvoll	getrocknete Steinpilze
8 – 10	getrocknete, gesalzene Tomaten (**nicht** in Öl eingelegte) klein schneiden
	Gemüsebrühe
1 – 2 EL	Balsamico, weiß oder Apfelessig
	Pfeffer, frisch gemahlen, Kräutersalz oder Chilisalz und frische Kräuter Ihrer Wahl
	Olivenöl

Schnittlauchröllchen, Petersilie zum Bestreuen.

Zubereitung

1. Gemüse mundgerecht zerkleinern. Mit Gemüsebrühe bedeckt bissfest garen.
Mit Gewürzen pikant abschmecken.

2. Zum Schluss einen Lauf Olivenöl zugeben und mit Schnittlauch und Petersilie bestreuen.

Dazu geröstete Bröckeli ... sagen die Allemagnen zu Brotwürfeln.

Graf Rumford (1753 – 1814)
soll in München die Armenküche ins Leben gerufen haben. Für Arme und Bedürftige wurde im 18. Jahrhundert eine nahrhafte Suppe kostenlos oder preiswert ausgegeben. Die Rumfordsuppe enthielt Erbsen, Graupen sowie weitere Zutaten.

Apfelsuppe

Zubereitung

1. Schrumpelige Äpfel ungeschält kleinschneiden, entkernen und mit Wasser bedeckt garen. Danach pürieren und mit so viel Wasser oder naturtrübem, natürlichem Apfelsaft auffüllen, bis die Suppe eine sämige Konsistenz hat. Falls Reisreste (eingefroren oder von der letzten Mahlzeit aufbewahrt) vorhanden sind, in die Suppe geben.

2. Mit Zimt, geriebener Bio-Zitronenschale abschmecken. Eventuell mit etwas Honig süßen. Nach Belieben geschlagene Sahne mit Vanillegewürz zugeben. Kann heiß oder kalt gegessen werden.

Tipp

Ohne Zugabe weiterer Flüssigkeit, haben Sie ein Apfelmus, das zu Kartoffelpuffern, Rösti, Pfannkuchen oder einfach als Nachtisch passt.

… was rumliegt, muss fort …

Basilikumsuppe

Zutaten

400 g	Kartoffeln putzen, mit Schale grob würfeln
150 g	Zwiebeln grob würfeln
1 l	Gemüsebrühe
200 g	Basilikum sehr klein schneiden (mit Stielen)
	Vollmeersalz
	Pfeffer oder Harissa
150 g	Schmand
1 – 2 EL	Butter oder Öl

Zubereitung

1. Kartoffeln und Zwiebeln in ½ l Gemüsebrühe 15 – 20 Minuten garen, anschließend pürieren.

2. Danach Basilikum hinzufügen, ebenso Salz, Pfeffer, Schmand und die restliche Gemüsebrühe. Alles verrühren und erhitzen – nicht mehr kochen!

Beilage

Geröstete Brotwürfel

Tipp

Dicke härtere Stiele vom Basilikum in Röllchen schneiden und mit den Kartoffeln und Zwiebeln kochen.

Bleiben kleine Suppenreste übrig, die nicht mehr sättigen, können sie in Aufstrichen und Bratlingen verarbeitet werden.

Brokkolisuppe

Zutaten

500 g	Brokkoli in Röschen zerteilen. Grobe Stiele schälen und klein schneiden.
100 g	Karotten grob raffeln
150 g	Kartoffeln mit Schale in mundgerechte Stücke schneiden.
150 g	Zwiebeln würfeln
1 l	Gemüsebrühe
3 EL	Schmand
1,5 TL	Kräutersalz
¼ TL	Picata
¼ TL	Harissa
1 EL	gehackte Petersilie

Zubereitung

1. Gemüse mit Brühe bedeckt bissfest garen.

2. Pikant mit den restlichen Zutaten abschmecken.

3. Nach Belieben pürieren.
Mit Petersilie bestreuen.

Beilage

In Butter/Öl geröstete Brotwürfel

… was rumliegt, muss fort …

Brotsuppe

Zutaten

200 g	altbackenes Brot oder Brötchen würfeln
2	Zwiebeln in Ringe oder Würfel schneiden
2	Knoblauchzehen fein würfeln
3 EL	Butter oder Öl zum Anbraten
1 l	Gemüsebrühe
	Kräutersalz
	frisch gemahlener Pfeffer oder 1 MS Harissa
	Schnittlauchröllchen, Maggikraut, Petersilie zum Bestreuen.

Zubereitung

1. Zwiebeln in Butter/Öl goldbraun braten.
Brot darin kross anbraten. Knoblauch dazugeben und mitbraten.

2. Geröstete Brotwürfel mit Zwiebeln und Knoblauch auf Tellern verteilen.

3. Gemüsebrühe aufkochen, pikant abschmecken und über das Brot gießen.

4. Mit frisch gehackten Kräutern bestreuen. Eventuell einen Lauf Olivenöl dazugeben.

Variante

Geröstete Brotwürfel, Zwiebeln, Knoblauch in die erhitzte Gemüsebrühe geben, weich werden lassen und pürieren.
   Pikant würzen.
   Mit Schmand verfeinern.

Flädlesuppe

Zutaten

25 g	Dinkel	
25 g	Hartweizen	Getreide sehr fein mahlen, alles miteinander verrühren
200 ml	Sahne	
100 ml	Gemüsebrühe	

	Butter
1 TL	Sesam zum Bestreuen
	Vollmeersalz
	Gemüsebrühe (Menge nach Bedarf)
	Petersilie

Zubereitung

1. Den Teig 20 Minuten quellen lassen.

2. Butter in der Pfanne mäßig erhitzen.

3. Pfannkuchenteig hineingeben und beidseitig ausbacken. Bevor der Teig stockt, mit Sesam bestreuen.

4. Pfannkuchen aufrollen, in dünne Streifen schneiden.

5. Gemüsebrühe erhitzen, abschmecken, Flädle hineingeben. Suppe mit gehackter Petersilie bestreuen.

… was rumliegt, muss fort …

Harera
eine marokkanische Suppe

Zutaten

175 g	Kichererbsen	} getrennt in reichlich Wasser über Nacht einweichen
170 g	Linsen	
1,5 l	Gemüsebrühe	
3	Zwiebeln würfeln	
1	Stange Lauch (Porree) in Ringe schneiden	
¼	Peperoni oder mehr für den, der es schärfer mag **oder** Harissa	
1 TL	Paprikapulver, scharf	
1 TL	Koriandersamen, zerstoßen	
1,5 TL	Kräutersalz	
400 g	Tomaten pürieren	
1 Bd.	Petersilie, dickere Stengel klein schneiden und in der Suppe mitkochen	

3   mittelgroße rohe Kartoffeln sehr fein reiben zum Andicken der Suppe (oder Vollkornmehl, fein gemahlen).
Es können dazu auch Reste-Pellkartoffeln fein gerieben werden.
Beim Andicken ständig rühren, damit die Masse nicht anbrennt und verklumpt.

Olivenöl oder Butter

Zubereitung

1. Von Kichererbsen und Linsen das Restwasser abgießen oder verwenden. Kichererbsen in 400 ml Gemüsebrühe ca. 45 Minuten garen. Nach 30 Minuten Kochzeit die Linsen dazugeben, 15 Minuten mitköcheln.

3. Zwiebeln, Lauch, Petersilienstengel und Gewürze zugeben.
Rest der Gemüsebrühe zugießen.

4. Geriebene Kartoffeln unterrühren, kurz aufkochen.
Pürierte Tomaten mit gehackter Petersilie in die Suppe rühren.

5. Pikant abschmecken. Nicht mehr kochen.
Mit Olivenöl oder Butter abrunden.

Dazu Croutons, frisches Brot oder Brötchen.

Kartoffelsuppe mit Mangold

Zutaten

800 g	Kartoffeln mit Schale	} klein schneiden
1	rote Zwiebel	
2 EL	Olivenöl	
1,5 l	Gemüsebrühe	
je 1	frischer Zweig Thymian, Majoran, Rosmarin	
150 g	Schmand	
	Kräutersalz, frisch gemahlener Pfeffer oder Harissa	
400 g	Mangold in sehr feine Streifen schneiden	

Zubereitung

1. Zerkleinerte Kartoffeln und Zwiebel in Olivenöl andünsten.

2. Gemüsebrühe nach und nach angießen, Kräuter zugeben und 15–20 Minuten köcheln lassen. Bei Verwendung von Reste-Pellkartoffeln verkürzt sich die Kochzeit.

3. Kräuterzweige entfernen.

4. Die Suppe pürieren, würzen und Schmand unterziehen.
Mangold roh zugeben und 10 Minuten **ziehen** lassen, nicht kochen!

Angela Merkel liebt offensichtlich Kartoffelsuppe.
　Ihr Tipp: „Ich stampfe immer selbst mit einem Kartoffelstampfer und nicht mit einer Püriermaschine. So bleiben in der Konsistenz noch immer kleine Stückchen übrig."

STERN, 24. August 2017

Recht hat sie, das haben wir doch früher gar nicht anders gekannt … bis das Tempozeitalter auch in der Küche ausbrach.

… was rumliegt, muss fort …

Kürbissuppe

Zutaten

1 kg	Hokkaido-Kürbis
¾ l	Gemüsebrühe oder Wasser
2	große säuerliche Äpfel
1 gestr. TL	Kräutersalz
	Pfeffer, frisch gemahlen
1 TL	Ingwer, frisch gerieben
	Olivenöl

Zubereitung

1. Hokkaido und Äpfel mit Schale grob zerkleinern. Innereien des Hokkaido entfernen.
In der Gemüsebrühe ca. 5 Minuten garen, anschließend pürieren.

2. Mit den Gewürzen abschmecken und einen Lauf Olivenöl* unterziehen.

Alternativen

Nach Belieben geriebene Reste-Pellkartoffeln in die Suppe rühren.
    Wer es süßer liebt, würzt mit Honig nach.
    Für herbe Geschmäcker 1 – 2 EL Apfelessig zugeben.
    Eventuell auch 1 MS Harissa.
    Da die Suppe nachdickt, mit Gemüsebrühe auffüllen.

Tipp

Alles, was rumliegt und orange-gelb-rot ist und fort muss, passt in die Kürbissuppe, z. B. Möhren, Süßkartoffeln, Pfirsiche, Aprikosen, Nektarinen, Paprika usw.
    Suppenreste im Schraubglas kühl aufbewahren für weitere Suppen und Soßen … oder am nächsten Tag noch einmal aufwärmen und mit Croutons genießen.

* Unsere Südtiroler Freunde sprechen von „einem Lauf Olivenöl". Damit sind – je nach Wunsch, Vorliebe und Geschmack – 1, 2, 3 oder mehr Esslöffel Olivenöl gemeint, die man über eine Suppe, Pizza oder andere Speisen verteilt. Mir gefällt der Ausdruck, weil er Großzügigkeit ausdrückt. Wir müssen nicht alles pingelig abmessen.

Markklößchensuppe

Zutaten

120 g	Grünkern	⎫
80 g	Hartweizen	⎬ fein mahlen
20 g	Leinsamen	⎭
1 MS	Muskat, frisch gerieben	
½ TL	Pfeffer, frisch gemahlen	
1,5 Becher	Schmand	
1 geh. TL	Kräutersalz	
2 l	Gemüsebrühe	
	Petersilie oder Schnittlauchröllchen	
	Öl	

Zubereitung

1. Gemahlenes Getreide und Leinsamen in einer Schüssel mit allen Gewürzen und Schmand verkneten.

2. Aus dieser Masse kleine walnussgroße Klöße formen und in die leicht kochende (siedende) Gemüsebrühe legen.
Sobald sie oben schwimmen, sind sie gar.

3. Mit frisch gehackter Petersilie oder/und Schnittlauchröllchen servieren. Pro Teller/Suppentasse 1 EL Öl geben.

Beilage

Geröstete Knoblauchbrotwürfel

Klöße-Reste kühl stellen oder einfrieren. Sie können danach zur nächsten Mahlzeit in siedender Gemüsebrühe oder Salzwasser „wiederbelebt" werden.

… was rumliegt, muss fort …

Möhrensuppe

Zutaten

500 g	Möhren	
350 g	Kartoffeln mit Schale	} klein schneiden
1 l	Gemüsebrühe	

250 g Schmand
4 EL Butter
1 TL Ingwer, frisch gerieben
      Kräutersalz
      Pfeffer
½ TL Picata

100 g süße Sahne
2 EL Petersilie   } fein geschnitten
2 EL Liebstöckel

Zubereitung

1. Möhren und Kartoffeln in kleine Stücke schneiden, in einem halben Liter Gemüsebrühe ca. 15 Minuten garen.

2. Restliche Gemüsebrühe und Schmand hinzufügen. Alles pürieren. Mit Butter, Ingwer, Kräutersalz, Pfeffer und Picata abschmecken.

3. Süße Sahne steif schlagen, auf jede Suppenportion einen Tupfer Sahne setzen und mit gehackter Petersilie/Liebstöckel oder Kresse bestreuen.

Tipp

Reste-Pellkartoffeln und Mohrrüben fein reiben. Mit Gemüsebrühe kurz aufkochen. Würzen. Spart Zeit und Energie.

Paprikasuppe

Zutaten

1 l	Gemüsebrühe
300 g	Kartoffeln mit Schale oder Reste-Pellkartoffeln
160 g	Porree
100 g	Sellerie
400 g	rote Paprika
1,5 TL	Peperonisalz oder Kräutersalz
	Pfeffer, frisch gemahlen
200 g	Sahne
2 EL	gehackte Petersilie
2 EL	Schnittlauchröllchen

Zubereitung

1. Kartoffeln, Porree, Sellerie zerkleinern und in der Gemüsebrühe 15 – 20 Minuten köcheln. Mit dem Mixstab pürieren.

2. Paprika putzen, klein schneiden und mixen, nicht kochen!
Mit der Gemüsesuppe verrühren.
Mit Gewürzen pikant abschmecken.

3. Sahne zugeben. Mit Kräutern garnieren.
Geröstete Brotwürfel als Beilage.

Bleiben Suppenreste übrig, mit pürierten Tomaten oder/und Tomatenmark als Soße verwenden. Eventuell mit Gemüsebrühe verlängern.

… was rumliegt, muss fort …

Radieschenblättersuppe

Zutaten

Blätter von 2 Bund Radieschen. Es eignet sich auch Mangold, Spinat, Weißkohl, Wirsing oder Salat.

1 l	Gemüsebrühe
4	Kartoffeln, mittelgroß (oder Reste-Pellkartoffeln)
1	Zwiebel, mittelgroß würfeln
1	Zwiebel in Ringe schneiden
2 EL	Butter
2 EL	süße Sahne
	Pfeffer
	Kräutersalz
1 PR	Muskat

Zubereitung

1. Kartoffeln mit der Schale in grobe Stücke schneiden, mit einer gewürfelten Zwiebel in ½ l Gemüsebrühe garen.

2. Radieschenblätter auf die gegarten Kartoffeln legen, bis die Blätter zusammenfallen. Mit restlicher Gemüsebrühe auffüllen und die gesamte Masse pürieren.

3. Zwiebelringe in Butter hellbraun braten.

4. Suppe mit Gewürzen und Sahne pikant abschmecken.
Jede Suppenportion mit Radieschenscheiben und in Butter gebräunten Zwiebelringen garnieren.

Tipp

Reste-Pellkartoffeln verwenden. Spart Zeit und Energie.

Soßen für gekochte Speisen

Béchamelsoße

Zutaten

1	kleine Zwiebel würfeln
250 ml	Gemüsebrühe
20 g	Dinkel fein mahlen
150 g	Sahne
40 g	Butter
	Vollmeersalz
	Pfeffer weiß
	Muskatnuss
	Petersilie

Zubereitung

1. Die zerkleinerte Zwiebel in der Gemüsebrühe ca. 8 – 10 Minuten köcheln lassen.

2. Das Dinkelmehl so lange in einer trockenen Pfanne anrösten (dextrinieren), bis es duftet.

3. Die Brühe durch ein Haarsieb in einen anderen Topf gießen.
150 g Sahne und 40 g Butter dazugeben und erhitzen.
Bevor die Flüssigkeit zu kochen beginnt, das Dinkelmehl langsam mit dem Schneebesen einrühren und ein paar Minuten durchkochen lassen, bis es vollständig ausgequollen ist.
Zum Schluss würzen und gehackte Petersilie zugeben.

Im Kühlschrank hält diese Grundsoße 4 – 6 Tage.

Diese Soße ist neutral. Sie passt zu Kartoffel-, Nudel-, Reisgerichten, zum Überbacken von Gemüse und Gratins.

Der Marquis von Béchamel war Haushofmeister unter Ludwig XIV. von Frankreich. Vielleicht schmeckte ihm die Soße sehr gut, so dass sie seinen Namen bekam, vielleicht hat er sie sogar selbst erfunden.

… was rumliegt, muss fort …

Champignoncremesoße

Zutaten

1	Zwiebel fein würfeln
300 g	Champignons in Scheiben schneiden
50 g	Butter
75 ml	Weißwein
150 ml	Gemüsebrühe
100 ml	süße Sahne
2 EL	Schmand
1 Bd.	Schnittlauch in Röllchen schneiden
	Kräutersalz
	Pfeffer, frisch aus der Mühle

Zubereitung

1. Zwiebel schälen und in feine Würfel schneiden.
Champignons mit einem Pinsel reinigen (nicht waschen) und in Scheiben schneiden.

2. Zuerst Champignons, danach die Zwiebelwürfel in Butter anschwitzen.
Mit Weißwein ablöschen und mit Gemüsebrühe auffüllen.

3. Sahne hinzufügen und bis zu ⅔ einköcheln lassen.
Schmand und Schnittlauchröllchen unterziehen und kräftig abschmecken.

Pikante Lauchsoße mit Äpfeln

Zutaten

1	Zwiebel fein würfeln
30 g	Butter
2 kleine	Lauchstangen in feine Ringe schneiden
¼ l	Gemüsebrühe
1 geh. EL	Vollkornreis fein mahlen
¼ l	Sahne
3	kleine Äpfel entkernen, in kleine Würfel schneiden
2 TL	Kräutersalz
2 MS	Muskat
	Pfeffer aus der Mühle
½ Bd.	Petersilie fein hacken

Zubereitung

1. Gewürfelte Zwiebel in Butter anbräunen.

2. Lauch in feine Ringe schneiden, dazugeben und leicht mit anbraten. Gemüsebrühe zugießen, 5 Minuten garen.

3. Reismehl mit dem Schneebesen in die Sahne rühren, zu den Zwiebeln und Lauch geben und kurz aufkochen.

4. Gewürfelte Äpfel in der Lauchsoße 5 – 10 Minuten ziehen lassen, **nicht** mehr kochen.
Mit Gewürzen kräftig abschmecken.
Gehackte Petersilie einrühren.

Tipp

Die härteren dunklen Lauchteile abschneiden und für die Herstellung einer Gemüsebrühe oder Kräutersalz trocknen.
    Die Lauchstangen längs halbieren und auseinanderziehen, um eventuell anhaftende Erde abzuspülen.

Rahmsoße

Zutaten

2	Zwiebeln fein schneiden
40 g	Butter
¼ l	Gemüsebrühe
¼ l	Sahne
80 g	Hirse fein mahlen
	Vollmeersalz oder Kräutersalz
	Pfeffer, frisch gemahlen
1 MS	Muskatnuss, frisch gerieben
20 g	Butter

Zubereitung

1. Zerkleinerte Zwiebeln in erhitzter Butter goldgelb werden lassen.

2. Gemüsebrühe und einen Teil der Sahne angießen, unter Rühren Hirsemehl einstreuen, durchschwitzen und unter Rühren 5 Minuten köcheln lassen.

3. Kräftig mit Salz, Pfeffer und Muskatnuss abschmecken.

4. Soße durch ein Sieb passieren oder kräftig pürieren/mixen. Restliche Sahne zugießen.

5. Butter leicht bräunen und in die Soße geben.

Spargelsoße

Es gibt Spargelliebhaber, die ihn am liebsten mit zerlassener Butter essen. Andere mögen lieber eine Soße.

Zutaten

½ l	Spargelbrühe
50 g	Vollreis sehr fein mahlen
1 MS	weißer Pfeffer
1 MS	Muskat, frisch gerieben
	Vollmeersalz
50 g	Butter

Zubereitung

1. Die anfallenden Spargelschalen und abgeschnittenen Endstücke (ausgehend von ca. 500 g Spargel) in ½ l Wasser ca. 20 Minuten kochen. Spargelwasser abgießen und nachmessen. Für die Soße muss ½ l Brühe übrig sein.

2. Reismehl mit etwas abgekühlter Spargelbrühe anrühren und mit dem Schneebesen in die kochende restliche Spargelbrühe einrühren. Einige Minuten köcheln lassen.

3. Mit Pfeffer, Muskat, Salz abschmecken.
Butter in die fertige Soße geben. Nach Belieben auch Schmand.

Tipp

Spargelwasser nicht wegschütten, sondern auffangen und portionsweise einfrieren. Ergibt mit Kräutern eine leckere Brühe oder, angedickt mit Reismehl, eine Suppe/Soße.

Brühe heiß oder kalt trinken. Sie enthält Mineralien und andere biologische Wirkstoffe. Und sie „entwässert", wie der Volksmund sagt.

… was rumliegt, muss fort …

Tomaten-Apfel-Soße

Zutaten

500 g	Tomaten
1	großer Apfel
1	Lorbeerblatt
	Kräutersalz
	Chili oder Harissa
	Pfeffer
	Olivenöl
	Nach Belieben mit Oregano, Thymian, Petersilie, Knoblauch würzen.

Zubereitung

1. Tomaten und Apfel in grobe Stücke schneiden. Mit Wasser bedeckt mit dem Lorbeerblatt zum Kochen bringen. 15 – 20 Minuten köcheln.

2. Das Lorbeerblatt herausnehmen.

3. Tomaten-Apfel-Masse pürieren.
Eventuell etwas Wasser nachfüllen.
Mit den Gewürzen pikant abschmecken.

4. Zum Schluss einen Lauf Olivenöl (3 – 4 EL) zugeben.

Passt zu Nudeln und Reis.

Bleibt ein Rest, kann die Soße mit Zugabe von Gemüsebrühe zur Suppe umgewandelt werden. Eventuell nachwürzen.

Tipp

Wenn Tomaten zu weich geworden sind und Äpfel nicht mehr taufrisch, mache ich o. g. Soße auf Vorrat. Sie hält sich im Schraubglas tagelang im Kühlschrank.
   Es kann durchaus eine andere Frucht oder ein Rest von Kürbis oder Mohrrübe zugegeben werden.

Italienische Tomatensoße

Zutaten

200 g	Zwiebeln in Ringe schneiden oder würfeln
1	Knoblauchzehe fein würfeln
3 EL	Olivenöl
4 EL	Tomatenmark
½ l	Rotwein, trocken
½ TL	gestoßene Fenchelkörner
1 TL	Thymian ⎫
1 TL	Majoran ⎬ zwischen den Händen verreiben
1 TL	Oregano ⎭
1 TL	Kräutersalz
500 g	Fleischtomaten

Zubereitung

1. Zerkleinerte Zwiebeln und Knoblauch in Öl weich dünsten.

2. Tomatenmark einrühren, ca. 3 Minuten bei ständigem Rühren mitdünsten, mit dem Rotwein ablöschen.
Alle Gewürze dazurühren und abschmecken.

3. Fleischtomaten sehr fein schneiden oder pürieren/mixen, in die Soße geben, erhitzen, aber **nicht** kochen.

Köstlich!

Alternative

Statt Rotwein Gemüsebrühe + etwas Balsamico-Rotweinessig nehmen.

… was rumliegt, muss fort …

Ist es nicht abscheulich, dass sich der Mensch gewöhnt hat, Dinge zur Nahrung oder zur Befriedigung seiner Leckerhaftigkeit zu wählen, die von seiner eignen Gartenmauer an gerechnet ein paar tausend Meilen entfernt wachsen?

*Georg Christoph Lichtenberg (1742 – 1799)
Mathematiker und Aufklärer, Göttingen*

Warme Mahlzeiten

Ein Bäcker braucht seine Rezepte, aber für mich ist alles Improvisation. Mein neuester Trick ist frische Pasta. Du nimmst eine Gusseisenpfanne, kleingehackten Knoblauch und Öl und legst die Pfanne mit dicken Tomatenscheiben aus. Dann setzt du die ganze Pasta auf die Tomatenscheiben und los geht's.

Tomi Ungerer
Schriftsteller und Künstler
Interview im FAZ-Magazin
„Essen und Trinken"
November 2016

Couscous
Gericht aus Marokko

Zutaten

150 g	Hartweizen zu Grieß mahlen (wie Bulgur)
300 ml	Gemüsebrühe
3 EL	Olivenöl oder zerlassene Butter
1 TL	Kräutersalz
1 – 2 MS	Harissa oder Pfeffer, frisch gemahlen
200 g	Karotten* raffeln
50 g	Porree* in Ringe schneiden
50 g	Sellerie* würfeln
100 g	Zwiebeln in Spalten schneiden
200 g	Champignons oder andere Pilze zerkleinern
200 g	Brokkoli oder Blumenkohl in größere Röschen teilen. Grobe Stiele* schälen.

Nach Wahl andere Gemüsereste, z. B. Kürbis, Weißkohl, Wirsing, Kohlrabi nehmen.

Zubereitung

1. Hartweizengrieß in 300 ml Gemüsebrühe 1 Stunde einweichen.

2. Gemüse im Topf 20 – 30 Minuten garen. Dabei werden die harten Gemüsesorten mit Stern* zuerst in den Topf gegeben, nach 5 – 10 Minuten Garzeit Zwiebeln, Pilze, Blumenkohl, Brokkoli auflegen.
Eventuell etwas Gemüsebrühe nachgießen.

3. In einem Sieb den eingeweichten Hartweizen glatt streichen, auf die Topföffnung setzen und während des Garvorgangs des Gemüses im gleichen Dampf mitgaren.

Reste schmecken wieder aufgewärmt oder kalt als kleine Beilage.

… was rumliegt, muss fort …

Dazu eine Couscous-Soße

Zutaten

250 g	Pilze in Scheiben schneiden
80 g	Butter
60 g	Zwiebeln würfeln
75 ml	Weißwein oder Gemüsebrühe
150 ml	Gemüsebrühe
100 ml	süße Sahne
60 g	Schmand
1 Bd.	Schnittlauch in Röllchen schneiden
1 TL	Maggikraut, fein geschnitten
1 TL	Kräutersalz
1 MS	Harissa oder Pfeffer, frisch gemahlen

Zubereitung

1. Champignons oder andere Pilze putzen, in Scheiben schneiden. In einem Topf mit Butter andünsten.

2. Gewürfelte Zwiebel mit den Pilzen anschwitzen (nicht braun werden lassen). Mit Weißwein ablöschen und mit Gemüsebrühe auffüllen.

3. Sahne zugießen, Soße im offenen Topf bis zu ⅔ einköcheln. Schmand, Schnittlauchröllchen und Gewürze hinzufügen und kräftig abschmecken.

Wenn man die Soße nicht auf ⅔ einköcheln möchte, kann man auch nach dem Anschwitzen 1 geh. EL Reismehl oder Dinkelmehl hinzufügen – kurz mit anschwitzen und wie oben angegeben weiterarbeiten.

Couscous in großer Porzellanschüssel oder auf einer Platte anrichten und mit Schnittlauchröllchen und Maggikraut garnieren.

Die Soße dazu separat reichen.

Blumenkohl

In „meinem" Bioladen werden regelmäßig nicht mehr taufrische Gemüsesorten zum Spottpreis angeboten. Einen 660 g schweren Blumenkohl gab es neulich für einen Euro. Vorsichtshalber fragte ich, ob er versehentlich einsortiert sei. „Nein, das ist ok. Die Kunden nehmen so etwas nicht mehr". Und das ist nicht ok. Der Blumenkohl hatte lediglich einige verfärbte Druckstellen. Sie gingen nicht in die Tiefe, konnten mühelos entfernt werden.

Einen Teil verwendete ich für Frischkost, der Rest wurde bissfest in ½ l Wasser gegart. Wenn der Blumenkohl auf Fingerdruck ein wenig nachgibt, ist er gar genug.

Das Blumenkohlwasser abgießen, mit einem Becher Schmand verrühren.

Mit frisch geriebener Muskatnuss, Curry, Kurkuma, Kräutersalz oder Chilisalz pikant abschmecken. Soll die Soße gebunden sein, einen Teil des gekochten Blumenkohls pürieren und als Bindemittel unterrühren.

Dazu gab es bei uns Reisreste vom Vortag mit Kräutersalz, Curry und Öl gewürzt.

Unter den Reis mischte ich zwei gewürfelte Aprikosen, die schon zu weich waren, und frische Thymianblättchen.

Es blieb wiederum ein Rest (Blumenkohl, Soße, Reis). Mit Gemüsebrühe verlängert und püriert, noch einmal nachgewürzt, ergab es am nächsten Tag eine schmackhafte Suppe (für unseren Zwei-Personen-Minihaushalt).

Dazu geröstete Knoblauch-Brotwürfel.

... was rumliegt, muss fort ...

Dicke weiße Bohnen

Zutaten

250 g	Bohnenkerne
	Wasser
2 – 3 EL	Olivenöl
2	Knoblauchzehen fein hacken
	Kräutersalz oder Chilisalz
	schwarzer und roter Pfeffer
1 TL	Apfelessig oder weißen Balsamico
	Rosmarin
	Feldsalat/Blattsalat

Zubereitung

1. Bohnenkerne über Nacht mit reichlich Wasser bedeckt einweichen.

2. Am nächsten Tag Einweichwasser abgießen. Mit frischem Wasser auffüllen und 20 – 30 Minuten **ohne** Salz garen.
Die Bohnen sollen weich sein, aber noch Biss haben.
In einem Sieb abtropfen lassen.

3. Olivenöl, fein gehackte frische Knoblauchzehen, etwas Kräuter- oder Chilisalz, frisch gemahlenen schwarzen und roten Pfeffer zugeben.
Ein wenig Essig unterziehen.
Mit fein geschnittenem Rosmarin bestreuen.
Die Bohnen werden lauwarm oder kalt gegessen.

Dazu angemachten Feldsalat/Blattsalat und ein deftiges Vollkornbrot oder Croutons servieren.

Tipp

Die Bohnen mit allen Gewürzen, Olivenöl und etwas Gemüsebrühe oder Bohnenkochwasser mixen, bis eine glatte Creme entsteht.
Schmeckt als Beilage zur Frischkost oder als Aufstrich.

Genauso kann man **Hummus** aus Kichererbsen zubereiten.

⟶

Dazu schrieb der kulinarische Experte Bert Gamerschlag im STERN vom 6. 4. 2017:

„Die kalte Creme (Hummus) auf einem Teller ausstreichen, mit 3 – 5 EL Olivenöl beträufeln und mit etwas Paprika bepudern. Gemüsesticks dazu, etwa Möhre, Staudensellerie, Radi, Blätter von Chicorée, Radicchio und Römersalat, ferner ein gerissenes Fladenbrot, und fertig ist der Lack. Die eigentliche Zubereitung dauert 5 Minuten. Ist besser als Nutella-Brote, glauben Sie mir."

Wir glauben ihm. Genauso geht es mit den gekochten weißen Bohnen.

Zu den dicken Bohnen oder Hummus passt auch ein **Mandeldip**.

100 g gehäutete Mandeln mit 2 Scheiben Vollkorntoast und 4 – 5 Knoblauchzehen sowie Olivenöl, Salz und Pfeffer mixen.

So viel Öl einrühren, dass ein sämig-dicker Dip entsteht. Schmeckt schon mal gut!

Und nun können Sie loslegen und nach Ihrem Geschmack noch mehr Knoblauchzehen nehmen, gehackte Petersilie, oder Safran oder/und etwas Zitronensaft + eine Spur abgeriebene Zitronenschale oder zerkleinerte Oliven, Kapern, getrocknete Tomaten usw.

Passt auch zu Salat oder als Brotaufstrich, zu Nudeln, Reis, Bratlingen, gebackenen Kartoffeln u. a. m.

… was rumliegt, muss fort …

Reispfanne mit Gemüse

Zutaten

150 g	Langkornreis
350 – 400 ml	Wasser
1 TL	Kräutersalz
300 – 500 g	(verzehrbarer Anteil) Gemüse: Möhren, Sellerie, Blumenkohl, Brokkoli, Petersilienwurzel, Zwiebeln, Paprikaschoten, Tomaten, Rosenkohl, Grünkohl und Lauch
je 2 MS	Muskatblüte, Paprikapulver, Pfeffer
2 EL	gehackte Kräuter der Jahreszeit
2 EL	Butter

Zubereitung

1. Reis mit dem Wasser in einer großen Pfanne (mit Deckel) bzw. einem flachen Topf 2 – 4 Stunden (oder über Nacht) einweichen.

2. Die vorgeschlagenen und vorhandenen Gemüse (gute Resteverwertung) kleinschneiden, auf dem ungekochten Reis verteilen, entweder in Schichten oder als Gemisch.
Deckel aufsetzen, zum Kochen bringen, mit der geringsten Hitzezufuhr ca. 15 Minuten köcheln lassen – nicht umrühren. 10 Minuten auf der Kochstelle ohne Hitzezufuhr nachquellen lassen.

3. Kurz vor dem Anrichten die Gewürze überstreuen, die zerlassene Butter übergießen und mit gehackten Kräutern servieren.

Tipp

Die Reispfanne eignet sich ausgezeichnet als schnelles Gericht für Berufs tätige. Der Reis kann (vorher eingeweicht) zusammen mit den zerkleinerten Gemüsen bereitstehen. Das fertige Essen kann mittags oder abends innerhalb von 25 Minuten auf dem Tisch stehen – gerade genug Zeit, um noch eine Frischkost herzurichten.

Wer über die Vielfalt der Getreidesorten mehr wissen möchte, muss das Buch „Korngesund" von Waltraud Becker lesen. Sie ist *die* Getreide-Expertin! Obiges Rezept steht in ihrem Buch „Lust ohne Reue" (beide Bücher emu-Verlag).

Gemüsetorte

Zutaten Teig

250 g	Weizenvollkornmehl
30 g	Butter
½ TL	Vollmeersalz
⅛ l	Sprudelwasser

Zubereitung Teig

1. Alle Zutaten sehr gut verkneten. Den Teig eine Stunde, besser über Nacht, in einem lebensmittelechten Speisebeutel ruhen lassen. Den Teig auswalken, in eine gebutterte Springform geben. Einen Rand von etwa 3 cm hochziehen und sauber abrädeln.

Zutaten Belag

400 g	Spinat **oder** rheinischer Rübstiel, Mangold oder eine Mischung von verschiedenen Gemüsesorten	sehr klein schneiden
3	Zwiebeln	

150 g	Schmand	
1 – 2	Knoblauchzehen klein hacken	
½ TL	Muskatnuss, frisch gerieben	vermengen
½ TL	Oregano, in den Händen verreiben	
½ TL	Vollmeersalz	
	Pfeffer, frisch gemahlen	

Zubereitung Belag

2. Zerkleinertes Gemüse unter den gewürzten Schmand heben und auf dem Tortenboden verteilen.

Backzeit: In einem auf 180 °C vorgeheizten Backofen etwa 40 Minuten.

Tipp

Wer nicht tiereiweißfrei lebt, kann 2 verquirlte Eier und 200 g geriebenen Hartkäse (z. B. Emmentaler, Gouda) unter den Belag mischen.

… was rumliegt, muss fort …

Hokkaido vom Blech

Zutaten

1	kleiner Hokkaido
500 g	Kartoffeln mit Schale
10	Knoblauchzehen
	Kräutersalz
	Öl

Zubereitung

1. Hokkaido in ca. 2 – 3 cm dicke Spalten schneiden. Kerne und die weichen Innenteile entfernen.
Kartoffeln vierteln (oder – je nach Größe – evtl. achteln).

2. Beides auf einem gefetteten Backblech verteilen. Dazwischen die Knoblauchzehen stecken.
Alles mit Öl bepinseln.

Backzeit: auf 180 – 200 °C vorgeheizt ca. 20 Minuten.
   Nach dem Backen mit Kräutersalz bestreuen.
Dazu schmeckt Ketchup, s. S. 54 f.

Tipp

Kartoffeln, Kürbis, Knoblauch direkt auf dem Backblech mit Öl und Salz vermengen und verteilen. Dann ist alles gleichmäßig eingeölt. Die Mühe des Einpinselns entfällt.

Sie können auch noch anderes Gemüse mit auf das Blech legen, z. B. Stücke von Möhren, Zwiebeln, Roter Bete, Zucchini, Auberginen, Tomaten und anderen Sorten.

Leberknödel
... ohne Leber

Zutaten I

200 g Grünkern grob schroten
100 ml Gemüsebrühe
30 g Butter

Zubereitung I

1. Grünkernschrot in Gemüsebrühe einrühren und ca. 1 Stunde einweichen.

2. Butter in einer Pfanne erhitzen, die Grünkernmasse darin anbraten.

Zutaten II

200 g Grünkern fein mahlen
400 ml Gemüsebrühe
60 g Butter
1 – 2 TL Kräutersalz
½ TL Paprikapulver
3 TL Majoran in den Händen verreiben
1 MS Picata
1 MS Nelken, gemahlen
1 EL Petersilie, gehackt
½ Zwiebel, fein gewürfelt
1 l Gemüsebrühe

Zubereitung II

3. 200 g Grünkernmehl in 400 ml Gemüsebrühe einrühren und mit der gebratenen Grünkernmasse I vermengen. Unter Rühren alles kochen, bis ein dicker Brei entstanden ist.
Alle anderen Zutaten hinzufügen, gut vermischen. Pikant würzen.

4. Mit nassen Händen Knödel formen und in siedender Gemüsebrühe ziehen lassen.
Mit Schnittlauchröllchen servieren.

Dazu passen Pilzsoße, Sauerkraut und andere Gemüsegerichte.

... was rumliegt, muss fort ...

Reste-Tipps

Knödelreste einfrieren und bei Bedarf in siedendem Salzwasser „wiederbeleben", also ziehen lassen.

Oder Knödelreste in Scheiben schneiden und in Butter/Öl anbraten, nach Belieben Sesam oder gehackten Knoblauch zugeben.

Knödelreste würfeln oder in Streifen schneiden und als Einlage in die nächste pikante Suppe geben.

Möppken-Schnitten

Zutaten

200 g	Nacktgerste	} grob schroten
50 g	Grünkern	
500 ml	Gemüsebrühe	
1	Lorbeerblatt	

100 g	Pilze oder etwas mehr in kleine Würfel schneiden
3	dicke Zwiebeln fein würfeln
50 g	Butter
200 g	Lauch in feine Ringe schneiden
200 g	Möhren würfeln oder raffeln
	Kräutersalz
	Muskat, fein gerieben
	Nelkenpulver
1	Lorbeerblatt

6 TL	Majoran	} zwischen trockenen Händen verreiben
2 TL	Thymian	
2 MS	Picata	
1	Lorbeerblatt	
	Pfeffer, frisch gemahlen	

⟶

Zubereitung

1. Geschrotetes Getreide in kochende Gemüsebrühe rühren, Lorbeerblatt zufügen, alles bei kleinster Hitze ca. 15 Minuten mit Deckel garen. Lorbeerblatt entfernen. Die Grütze im verschlossenen Topf auskühlen lassen.

2. Pilze in Butter kräftig anbraten, danach Zwiebelwürfel mitbraten. Lauch und Möhren zugeben. Mit Kräutersalz, Muskat, Nelkenpulver und dem Lorbeerblatt 10 Minuten bei kleiner Hitze garen. Lorbeerblatt entfernen.

3. Die Gemüsemischung mit der Getreidegrütze vermengen. Mit den Gewürzen kräftig abschmecken.

4. Eine Rolle formen (Durchmesser ca. 7 cm), in Zellophan oder lebensmittelechte Folie wickeln und über Nacht kühl stellen.

5. Am nächsten Tag die Rolle mit einem scharfen Messer in dicke Scheiben schneiden und in Butter von beiden Seiten knusprig braten. Eventuell vorher in Paniermehl wälzen.

Dazu schmeckt ein frischer Salat vorzüglich.

… was rumliegt, muss fort …

Pfannkuchen
mit Buchweizenmehl

2 gestrichene Tassen feines Buchweizenmehl = 170 g, 2 – 3 Tassen heißes Wasser, 1 Tasse Schmand und 1 gestr. TL Salz werden gut verrührt.
    Kleine Pfannkuchen in Butter/Öl goldbraun backen.
    Sollte keine Sahne vorhanden sein, stattdessen 1 Tasse fein geriebene Kartoffeln zugeben.

Buchweizencrêpes

sind Spezialitäten der bretonischen Küche und ruck-zuck zubereitet. Der Teig wird im Osten der Bretagne nur aus Buchweizenmehl, Wasser und Salz angerührt.
    Crêpes können pikant oder süß zubereitet werden.
    Beide Seiten ca. 2 Minuten goldbraun backen.
    Nach Belieben mit Tomaten(mark), Zwiebeln, Pilzen, geriebenem Käse usw. belegen oder mit Obst Ihrer Wahl. Oder einfach mit Honig oder Marmelade bestreichen.

Der Grundteig kann auch mit Weizen- oder Dinkelvollkornmehl angerührt werden.

Sauerkrautauflauf

Zubereitung

1. Pellkartoffelreste pellen und in Scheiben schneiden.

2. In einer gefetteten Auflaufform ausbreiten. Darauf eine dünne Schicht Sauerkraut legen. Wenn noch Äpfel vorhanden sind, 1–2 entkernen, in Scheiben schneiden und auf dem Kraut verteilen.
Mit einer Schicht Kartoffeln abschließen.

3. ¼ l Sahne mit Kräutersalz, Pfeffer, Majoran, Thymian würzen und über die Kartoffeln gießen. Mit Butterflocken besetzen.

4. Im vorgeheizten Backofen bei 200 °C 15–20 Minuten goldbraun backen.

Variation

Tomaten oder Zucchini, Paprika und andere Gemüsereste als weitere Lage auf dem Sauerkraut verteilen.

Tipp

Wird der Auflauf mit rohen Kartoffeln zubereitet, ist die Backzeit länger (30–40 Minuten).

… was rumliegt, muss fort …

Sauerkrautbällchen

Zutaten

2	Zwiebeln fein würfeln
	Sonnenblumenöl zum Braten
500 g	Reste-Pellkartoffeln
125 g	Sauerkraut
1 EL	Vollkorn-Paniermehl
2 EL	Weizenvollkornmehl (oder 1 Ei)
1 PR	Kümmel, gemahlen
	Vollmeersalz
	Pfeffer, frisch aus der Mühle
1 EL	Petersilie, fein geschnitten
1 EL	Schnittlauchröllchen

Zubereitung

1. Zwiebeln schälen, in kleine Würfel schneiden, in Öl anbraten, die Spitzen sollten goldbraun sein, erkalten lassen.

2. Kartoffeln abpellen und durch eine Kartoffelpresse geben. Sauerkraut ausdrücken und kleinschneiden.

3. Zu den gepressten Kartoffeln, Sauerkraut, Paniermehl, Weizenvollkornmehl, Kümmel, Vollmeersalz, Pfeffer, Petersilie, Schnittlauch und die gebratenen Zwiebeln geben. Alles gut vermischen und zu einem Kloß formen.
Mit einem Eisportionierer Kugeln formen.

4. Die Bällchen in einem kleinen Topf von 16 cm Ø in heißem Öl schwimmend ausbacken.

Dazu passt eine Champignoncremesoße oder/und Rösti oder einfach nur Pellkartoffeln und natürlich ein leckerer Frischkostsalat.

Tipp

Das übrig gebliebene Öl erkalten lassen und nach Bedarf bei gekochten Speisen verwenden.

Semmelknödel

Zutaten

350 g	Weizenvollkornbrot oder 6 – 7 Vollkornbrötchen (altbacken)
150 ml	heißes Wasser
30 g	Butter
120 g	Zwiebeln ⎫
1	Knoblauchzehe ⎬ fein gehackt
1 – 2 EL	Vollkornmehl aus Weizen oder Dinkel
1	kleines Bund Petersilie, fein gehackt
	Vollmeersalz
	Pfeffer, frisch aus der Mühle
	Muskatnuss, frisch gerieben
	Paniermehl

Zubereitung

1. Brot in Würfel schneiden, mit heißem Wasser übergießen. Durchmischen und stehen lassen.

2. Butter zerlassen und Zwiebeln mit Knoblauch darin glasig werden lassen. Mit Vollkornmehl und der gehackten Petersilie zum eingeweichten Brot geben. Mit Salz, Pfeffer und der geriebenen Muskatnuss würzen und alles gut vermischen.

3. Abgedeckt ca. 30 Minuten ziehen lassen.

4. Mit nassen Händen aus der Knödelmasse feste Kugeln formen. (Ist der Teig nicht fest, Paniermehl einarbeiten). In leicht köchelndes Salzwasser einen Probeknödel legen, bevor Sie die gesamte Masse verarbeiten. Dann die Knödel nach und nach in siedendes Wasser legen, bis sie aufsteigen. Noch ein paar Minuten ziehen lassen. Mit einem Schaumlöffel aus dem Wasser nehmen und auf Tellern anrichten. Dazu passt eine Pilz-Sahne-Soße.

Tipp

Das Brot sollte idealerweise nicht zu weich und nicht zu hart sein. Die Knödelmasse muss gut durchziehen.

Vorsicht mit hohen Fettanteilen in der Knödelmasse. Fett lockert die Bindung.

… was rumliegt, muss fort …

Beim Formen die Knödel fest drücken und die Oberfläche mit nassen Händen glattstreichen, so dass beim Kochen kein Wasser eindringen kann.

Knödel nie zugedeckt garen. Nehmen Sie einen großen Topf mit weitem Durchmesser. Das Wasser muss beim Einlegen der Knödel kochen und nach dem Einlegen auch möglichst rasch wieder zum Kochen kommen. Erst dann die Hitze auf leichtes Sieden/Köcheln zurücknehmen.

Tipps für Knödelreste: siehe Seite 157

Sieben auf einen Streich
1 Grundrezept für 7 Speisen von Christa Friedrichsmeier

Zuerst wird der **Grundbrei** gekocht:

1 Tasse	Hirse frisch schroten, trocken in einem Topf anrösten, bis zarte Duftstoffe entstehen.
4 Tassen	Wasser angießen, unter Rühren aufkochen und im geschlossenen Topf 15 Minuten ausquellen, dann erkalten lassen.

1. Pikante Speise I

1x	Grundbrei plus	
2	mittelgroße Möhren	
½	Kohlrabi	fein reiben und unter den Brei heben
⅓	Sellerieknolle	

Basilikum	
Oregano	
Kräutersalz	ebenfalls unter den Brei mischen, pikant abschmecken
Pfeffer	
etwas Öl	

Passt zu gedünstetem oder gebackenem Gemüse oder kalt als Brotaufstrich.

2. Pikante Speise II

1x	Grundbrei plus	
2	Knoblauchzehen	
1	Zwiebel	schälen, klein hacken, in Butter anschwitzen
1 EL	Butter	

gehackte Kräuter	(z. B. Thymian, Rosmarin, Petersilie), Chilisalz und etwas Öl unterheben.

Passt zu gedünstetem oder gebackenem Gemüse oder kalt als Brotaufstrich.

… was rumliegt, muss fort …

3. Bratlinge

Pikante Speise I oder II. Mit nassen Händen flache Bratlinge formen, nach Belieben in Sonnenblumenkernen oder Paniermehl wälzen. In einer Pfanne bei mittlerer Hitze in Öl knusprig braten.

4. Gefülltes Gemüse

Pikante Speise I oder II in ausgehöhlte Zucchini, Paprika, Auberginen oder Tomaten füllen. Bei vorgeheizten 180 °C im Backofen 20 – 30 Minuten backen.

5. Herzhafter Brotaufstrich

2 Teile Grundbrei und ein Teil weiche Butter.
   Die Butter schaumig rühren und dann mit der Grundmasse vermengen. Mit gehackten Kräutern, Salz, Knoblauch usw. würzen.

6. Süßer Brotaufstrich

2 Teile Grundbrei und 1 Teil weiche Butter.
   Die Butter schaumig rühren, mit der Grundmasse und 2 EL Honig sowie 2 EL geröstetem Sesam vermengen.

7. Süßspeise

1x	Grundbrei
1 Becher	süße Sahne, steif schlagen
½ TL	Zimt ⎫ unter die Sahne heben
3 EL	Akazienhonig ⎭

Die Hälfte der Sahne unter den Grundbrei rühren und in Schälchen füllen.

1	Banane ⎫
1	Orange ⎬ würfeln, über den süßen Brei geben.
1	Apfel ⎪ Mit der restlichen Sahne garnieren.
10	Weintrauben ⎭
	oder Obst Ihrer Wahl (Foto siehe Seite 192)

Südtiroler Pizza
reicht für zwei Personen

Zutaten für 1 Backblech

125 g	Weizen oder Kamut
125 g	Dinkel
10 g	Hefe
125 – 150 ml	Wasser
3 – 4 EL	Olivenöl
½ TL	Vollmeersalz
	Butter zum Einfetten
	Knoblauch, Kräutersalz, Olivenöl

Zubereitung

1. Getreide fein mahlen. Hefe in Wasser auflösen und mit Öl und Salz zum Mehl geben.
Alles verkneten. Der Teig darf nicht zu fest sein. Ca. ½ Std. gehen lassen.

2. Den Teig dünn ausrollen und auf ein gebuttertes Blech legen.
Mit gewürztem Tomatenmark bestreichen.
Mit beliebigem Gemüse belegen.

3. Bei vorgeheizten 220 – 250 °C ca. 20 Minuten backen.
Nach dem Backen mit Knoblauchöl beträufeln = fein gehackter Knoblauch + etwas Kräutersalz + reichlich Olivenöl.

Pizzareste schmecken kalt sehr gut, können aber auch in der Pfanne kurz aufgewärmt werden.

Wer mehr Lust auf die südliche Küche hat, sollte sich das Buch „Hochgenuss" (emu-Verlag) gönnen – geschrieben von den beiden waschechten Südtirolerinnen Gertrud Gummerer und Wilma Taibon.

Tipp

Das Backblech fette ich mit weicher Butter und rolle den Teig darauf hauchdünn aus. Gelingt immer! Die gebackene Pizza löst sich vom gebutterten Blech besser als vom geölten.

… was rumliegt, muss fort …

Am 2. September 2017 habe ich die Pizza zum wiederholten Mal gebacken. Als Belag hatte ich nicht viel Auswahl: einen kleinen Rest Tomatenmark, eine Handvoll Kapern, dunkle Oliven mit Kernen, ein paar Zwiebeln mit Grün und zu weiche Tomaten. (Die Tomaten auf einem Teller in Scheiben schneiden und den Saft auffangen, damit sie die Pizza nicht verwässern.) Nach 20 Minuten Backzeit war die Pizza fertig und knusprig.

    Da wir an diesem Tag zu Hause blieben, füllten wir uns reichlich Knoblauchöl mit 10 feingehackten Knofizehen auf die Pizza. Total lecker!

Gefüllte Zucchini
für hungrige Esser

Zutaten

2	Zucchini oder mehr von ca. 20 cm Länge längs halbieren. Mit einem Löffel aushöhlen. Es bleibt der Zucchinirand mit ca. 1 cm Ø stehen.

250 g	altbackenes Brot in Würfel schneiden
	Gemüsebrühe
75 g	Hafer oder Grünkern grob schroten
1	Lorbeerblatt
150 g	Zwiebeln klein würfeln

Von diesen Zutaten die Hälfte + Ausgehöhltes der Zucchini reicht für 4 Personen (Portionen)

1 – 2	Knoblauchzehen klein würfeln
2 EL	Petersilie, fein gehackt
1 TL	Senf
	Paprikapulver
	Kräutersalz
	Pfeffer, frisch gemahlen oder Harissa
	Semmelbrösel/Paniermehl

Zubereitung

1. Die Brotwürfel in wenig Gemüsebrühe einweichen, so dass die Flüssigkeit aufgesogen ist. Dann das Brot ausdrücken. Prüfen, ob keine harten, trockenen Brocken enthalten sind.

2. Grob geschrotetes Getreide in wenig Gemüsebrühe oder Wasser mit einem Lorbeerblatt aufkochen, Herd ausschalten und im geschlossenen Topf ca. 20 Minuten quellen lassen. Eventuelle Restbrühe abschütten oder für Soßen aufbewahren. Lorbeerblatt entfernen.

3. Alle Zutaten – Brot, Getreide, Zwiebeln, Knoblauch, Zucchiniinhalt, Petersilie und Gewürze – mit der Hand verkneten, kräftig würzen.
Sollte der Teig zu weich sein, mit Semmelbröseln oder Paniermehl nachdicken.

4. Ofen auf 200 °C vorheizen.

5. Die ausgehöhlten Zucchinis mit der Teigmasse füllen.
In eine gefettete Auflaufform legen und bei vorgeheizten 200 °C ca. 15 Minuten backen.

… was rumliegt, muss fort …

Dazu passen Reis, Hirse, Kartoffeln oder Nudeln und Tomatensoße.

Reste-Tipp

Die Zutatenmengen für Ihren Bedarf dritteln oder vierteln.
   Die Füllung wie oben angegeben herstellen und einen Teil davon zu Bratlingen verarbeiten.

Kartoffel – Die tolle Knolle

*Morgens rund,
Mittags gestampft,
Abends in Scheiben,
Dabei soll's bleiben.
Es ist gesund.*

*Johann Wolfgang von Goethe,
Am Rhein, Main und Necker*

Deppekoche

Zutaten

100 g	Grünkern	⎫ grob schroten, ca. 30 Minuten in der
300 ml	Gemüsebrühe	⎬ Gemüsebrühe einweichen, danach aufkochen und bei geschlossenem Topf ausquellen lassen.

1 kg	Kartoffeln oder Reste-Pellkartoffeln raffeln
50 g	Haferflocken, frisch gequetscht
100 g	Haselnüsse, fein gehackt
1	große Gemüsezwiebel oder Lauch, fein gehackt
2 – 3 gestr. TL	Kräutersalz
½ TL	gemahlener Fenchel
½	Muskatnuss, frisch reiben
	Liebstöckel ⎫ klein schneiden
	Sellerieblatt ⎭
	weiche Butter zum Einfetten
	Sesam oder Sonnenblumenkerne

Belag auf dem Deppekoche

150 g	Champignons	⎫ würfeln
2	Gemüsezwiebeln	⎭
400 g	Tomaten klein schneiden	
50 g	Butter	
	Pfeffer	
	Peperonisalz	

… was rumliegt, muss fort …

Zubereitung Kartoffelmasse

1. Den Backofen auf 200 °C vorheizen.
Grünkern wie oben beschrieben vorbereiten.

2. Kartoffeln waschen, bürsten, schadhafte Stellen rausschneiden (oder Reste-Pellkartoffeln), raffeln (**nicht** so fein reiben wie beim Reibekuchen). Sofort mit der gekochten Grünkernmasse vermischen.

3. Alle Zutaten – Haferflocken, Haselnüsse, Gemüsezwiebel, Kräutersalz, Fenchel, Muskatnuss, Liebstöckel, Sellerieblatt mit der Grünkernmasse vermengen und würzig abschmecken.

4. Die Auflaufform oder Springform mit Butter einfetten und mit Sesam oder Sonnenblumenkernen bestreuen. Dann den Kartoffel-Getreide-Teig in die Form drücken, glattstreichen.

Zubereitung Belag

5. Geschnittene Champignons zuerst in Butter anbraten. Nach einigen Minuten die Zwiebelwürfel mitbraten. Dann die Tomaten 5 Minuten mitschmoren. Etwas einköcheln lassen. Pfeffern, salzen.

6. Alles auf den Deppekoche streichen.

Backzeit: Im vorgeheizten Backofen bei 180 – 200 °C 50 Minuten.

Die tolle Knolle – wo kommt die her?

Christoph Columbus (1451 – 1506) entdeckte 1492 Amerika.
Dadurch lernte unser Kontinent bisher unbekannte Lebensmittel kennen, aber den nachhaltigsten Einfluss auf die Ernährungsgewohnheiten hatte die bis dahin unbekannte Kartoffel. Die ersten Erdäpfel (Solanum tuberosum) kamen mit Beginn des 17. Jahrhunderts zu uns.

In der Bevölkerung war der Widerstand gegen die bis dahin unbekannten Kartoffeln so heftig, dass der Kurfürst Friedrich Wilhelm von Preußen (1620 – 1688) seinen Untertanen 1651 androhte, „ihnen Nase und Ohren abschneiden zu lassen, wenn sie sich weigerten, Erdäpfel anzupflanzen".

Auch unter Friedrich dem Großen (1712 – 1786), „der alte Fritz" genannt, war die Ablehnung noch überaus groß. Er zwang die Bauern per Gesetz, zehn Prozent des Ackerlandes mit Kartoffeln zu bepflanzen.

Meine Großmutter berichtete von früheren Zeiten, dass „der alte Fritz" die Kartoffelfelder bewachen ließ. Das Volk glaubte nämlich, die Früchte am Strauch seien essbar. Man stahl sie und verzehrte sie mit der Folge, dass Menschen daran starben.

Heute sind Kartoffeln nach dem Getreide weltweit die meistkultivierten Nahrungspflanzen.
Wer mehr darüber wissen will, findet in dem Buch „Es möge Erdäpfel regnen" von Ingrid Haslinger alles über deren Kulturgeschichte.

Schön rötlich die Kartoffeln sind
Und weiß wie Alabaster!
Sie däun sich lieblich und geschwind
Und sind für Mann und Frau und Kind
Ein rechtes Magenpflaster

Matthias Claudius
(1740 – 1815)

... was rumliegt, muss fort ...

Kartoffelklöße

Zutaten

1 kg	Kartoffeln
1	Zwiebel fein würfeln
2 EL	Butter
125 g	Weizen fein mahlen
3 EL	Sahne
	Vollmeersalz
	Semmelbrösel
	Butter/Öl

Zubereitung

1. Kartoffeln kochen (oder Reste-Pellkartoffeln), pellen, durch Kartoffelpresse geben, abkühlen lassen.

2. Gewürfelte Zwiebel in Butter goldgelb braten. Mit allen anderen Zutaten unter den Kartoffelbrei kneten.

3. Mit nassen Händen Klöße formen und in siedendem Salzwasser ziehen lassen, bis sie oben schwimmen. Vorsichtig herausnehmen.

4. Mit in Butter/Öl gebräunten Semmelbröseln anrichten.

Tipp

Einen Probekloß ins siedende Salzwasser geben. Falls er zu locker ausgefallen ist, dies liegt an der Kartoffelsorte, etwas mehr Mehl unter den Teig kneten.

Resteklöße: In 1 – 2 cm dicke Scheiben schneiden, panieren und in Butter/Öl hellbraun braten.

Oder Klöße einfrieren und bei Bedarf in siedendem Salzwasser „wiederbeleben".

Kartoffelkroketten

ergibt – je nach Größe – 10 bis 16 Stück

Zutaten

1 kg	Kartoffeln oder Reste-Pellkartoffeln
100 g	Hafer oder Weizen mahlen, aber nicht zu fein
2 gestr. TL	Kräutersalz
1 – 2 gestr. TL	Kümmel mahlen
2 geh. EL	Schmand
6 EL	Vollkornsemmelbrösel oder Paniermehl
	Öl zum Ausbacken

Zubereitung

1. Kartoffeln mit der Schale garen, pellen und durch die Kartoffelpresse drücken. Gut auskühlen lassen. Oder Reste-Pellkartoffeln verwenden.

2. Frisch gemahlenen Hafer oder Weizen (nicht zu fein), Salz, Kümmel und Schmand zu den geriebenen Kartoffeln geben. Gut durchkneten.

3. Längliche Kroketten formen, in Semmelbrösel wälzen und in mäßig erhitztem Öl ausbacken.
Das Fett sollte so heiß sein, dass die Kroketten in dem Fett nicht kochen, sondern gebacken werden.

Sie schmecken als Beilage zu Gemüsegerichten oder Salaten.

… was rumliegt, muss fort …

Kartoffelkuchen

Zutaten

500 g	Kartoffeln mit der Schale fein reiben
1	Tomate klein schneiden
1 EL	Lauch (helle Teile), fein geschnitten
2	Knoblauchzehen, fein geschnitten
2 EL	Dinkel ⎫ fein mahlen
1 EL	Buchweizen ⎭
½ EL	Leinsamen **nicht** mahlen
½ TL	Peperonisalz oder Kräutersalz
1 MS	Pfeffer, frisch gemahlen
100 ml	Sahne
	Butter zum Einfetten

Zubereitung

1. Kartoffeln waschen, putzen, schlechte Stellen herausschneiden. Fein reiben.

2. Mit allen restlichen Zutaten und Gewürzen gut vermengen.
In eine gebutterte runde Pizzaform streichen (Ø 26 cm).

Backzeit: 30 – 40 Minuten bei vorgeheizten 200 °C.

Kartoffelpizza

nach einem Rezept von Veronika Gerz

Zutaten

Für 2 Personen

500 g	Kartoffeln mit Schale in Wasser bürsten, danach raffeln
75 g	Zwiebeln ⎫
2	Knoblauchzehen ⎭ in kleine Würfel schneiden
100 g	Tomaten würfeln (Saft auffangen)
1 TL	Peperonisalz
¼ TL	Harissa oder Pfeffer frisch aus der Mühle dazugeben
1 TL	Paprikapulver
	Muskat nach Geschmack
	Butter zum Einfetten

Zubereitung

1. Den Backofen auf 220 °C vorheizen
2. Alle zerkleinerten Zutaten in einer Schüssel mit den Gewürzen vermischen und kräftig abschmecken.
3. Die Masse in eine gefettete Pizzaform drücken.

Backzeit: 30 Minuten bei vorgeheizten 220 °C.

Bei einer größeren Personenzahl die Menge erhöhen und ein Backblech benutzen.
Zu diesem Gericht passt sehr gut ein Salat.

Tipp

Auch hier können wieder Reste-Pellkartoffeln verwendet werden. Die Backzeit verkürzt sich dann um ca. die Hälfte.

Die Tomaten auf einem Teller zerkleinern; den austretenden Saft in einem Schraubglas kühl aufbewahren.

… was rumliegt, muss fort …

Kartoffelplätzchen

Pellkartoffelreste pellen, raffeln, mit Kräutersalz, Pfeffer, Muskat oder Kräutern vermengen.

Plätzchen formen, in Paniermehl wälzen, in Butter oder/und Öl goldbraun braten. Fertig.

Kartoffelspatzen

Zutaten

500 g	Reste-Pellkartoffeln oder frisch gekochte
150 g	Weizenvollkornmehl
1 gestr. TL	Vollmeersalz (Kräutersalz oder Chilisalz)
½	Muskatnuss frisch reiben
1	Zwiebel in Ringe schneiden
	Butter zum Anbraten

Zubereitung

1. Pellkartoffelreste pellen, auf einer Lochreibe raffeln (oder Kartoffeln mit Schale kochen).
Mit Weizenvollkornmehl, Salz und geriebener Muskatnuss mit nassen Händen verkneten.

2. Mit nassem Esslöffel walnussgroße Teigstücke abnehmen und daumendicke Rollen formen.

3. In reichlich siedendem Salzwasser garen. Schwimmen sie nach wenigen Minuten oben, sind sie gar.

4. Mit in Butter gebräunten Zwiebelringen servieren oder mit in Butter gebräunten Semmelbröseln oder Mohn bestreuen.

Passt zu Sauerkraut, Pilzsoße, Salat, Rotkohl ... eigentlich zu allem.

⟶

Wie es sich im Schwäbischen gehört, muss man den Spätzleteig rasch vom Brett ins siedende Salzwasser schaben. Das sind dann echte Spätzle. Das kann ich Norddeutsche nicht besonders gut – daher die Rollen! Das sind dann eben dicke Spatzen.

Tipp

Die Kartoffelspatzen erinnern mich an Gnocchi (ausgesprochen: Njokki), eine italienische Spezialität aus einem Teig aus Kartoffeln und Mehl. Mehlige Kartoffeln eignen sich dafür besonders gut.

Weizenvollkornmehl, gekochte, geriebene Kartoffeln und etwas Kräutersalz vermengen, so dass ein formbarer elastischer Teig entsteht.

Auf einem bemehlten Brett daumendicke Rollen formen. Diese in 2 cm große Stücke schneiden und nach und nach in siedendes Salzwasser geben. Wenn sie oben schwimmen, sind sie gar. Mit in Butter geschwenkten Salbeiblättern oder Rosmarin servieren.

… was rumliegt, muss fort …

Reibekuchen

Zubereitung

1. Einen Suppenteller voll roh geriebener Kartoffeln und eine gehäuft volle Untertasse mit geriebenen gekochten Kartoffeln (Pellkartoffelreste).

2. Mit Salz vermengen. Nach Belieben ein Ei unterziehen.

3. Kleine, flache Reibekuchen in Öl backen.

Aus einem Kochbuch von 1898

Zutaten nachgemessen

1 kg   rohe Kartoffeln
500 g   gekochte Kartoffeln

Wer mag, kann 1 kleine Zwiebel sehr klein schneiden und mit den geriebenen Kartoffeln vermengen.

Dazu schmecken Apfelmus, gemixte Aprikosen, Pfirsiche etc.

Reibekuchenreste

Schmecken kurz angebraten, aber auch kalt. Probieren Sie mal einen kalten Reibekuchen als Brotbelag auf einer deftigen Vollkornbrotscheibe, zum Beispiel vom Luxus-Schwarzbrot aus dem Buch „Brot backen", von Gutjahr/ Richter, emu-Verlag.

Westfälische Reibekuchen

7 Stück

Zutaten

1 kg	Kartoffeln fein reiben
150 g	Zwiebeln sehr klein schneiden
10 g	Zitronensaft
1 gestr. TL	Kräutersalz
¼ TL	Harissa
30 g	Haferflocken – frisch gepresst
	Öl zum Ausbacken

Zubereitung

1. Kartoffeln mit der Gemüsebürste in Wasser säubern oder – wenn sie zu alt und schrumpelig sind – schälen, so dass 1 kg als Rohmasse bleibt.

2. Kartoffeln fein reiben, Zwiebeln sehr klein schneiden.
Mit allen Zutaten vermengen.

3. Öl erhitzen. Kleine flache Puffer in Öl knusprig braten – nicht zu dunkel.

Tipp

Zwiebeln sehr klein schneiden, **nicht** mixen. Sie schmecken nach Einsatz von Mixgeräten bitter und verderben das Gericht.

… was rumliegt, muss fort …

Rösti

Zubereitung

1. Geputzte rohe Kartoffeln mit Schale grob raffeln.
In einer Pfanne so viel Öl und Butter erhitzen, dass der Boden gut bedeckt ist.

2. Kartoffelmasse in der Pfanne ausbreiten, flachdrücken und von beiden Seiten goldbraun braten.
Mit dem Pfannenwender an den Seiten vorsichtig anheben, eventuell noch Öl oder Butter nachgeben.

3. Rösti erst wenden, wenn die untere Seite entsprechende Bräune zeigt. Sie müssen sich beim Rütteln der Pfanne vom Boden lösen.

4. Einen flachen Topfdeckel oder flachen Teller auf die Rösti legen, festhalten und die Pfanne mit Schwung umdrehen. Die ungebratene Röstiseite in die Pfanne gleiten lassen und ebenfalls goldbraun braten.
Mit ein wenig Kräutersalz bestreuen. Dazu ein frischer Salat oder (rohes) Apfelmus.

Das Paradies der Bratlinge – Frikadellen – Medaillons

Brotbratlinge

Zutaten

500 g	altbackenes Vollkornbrot oder Brötchen
560 ml	Gemüsebrühe
240 g	Gemüsezwiebeln würfeln
350 g	Champignons sehr klein schneiden
180 g	rote Zwiebeln fein würfeln
3	Knoblauchzehen fein würfeln
80 g	Petersilie fein hacken
2 EL	Grünkern fein mahlen
1 – 2 TL	Harissa oder frisch gemahlener Pfeffer
2 TL	Kräutersalz
	Paniermehl
	Butter/Öl zum Braten

Zubereitung

1. Altbackenes Brot in Würfel schneiden und in der Gemüsebrühe einweichen. Stehen lassen, bis das Brot weich ist.

2. Inzwischen 240 g Zwiebelwürfel in Butter/Öl goldbraun braten, dann abkühlen lassen. Danach mit ausgedrücktem Brot, zerkleinerten Pilzen, roten Zwiebelwürfeln und den restlichen Zutaten gründlich verkneten und pikant abschmecken.

3. Der Teig muss gut verdichtet sein. Ist er zu feucht, kann man ihn mit Paniermehl (oder Buchweizenmehl oder Haferflocken) fester machen.

4. Mit einem nassen Esslöffel ca. 85 g-Stücke abstechen. Den Teig mit nassen Händen zu Bratlingen formen, in Paniermehl wenden und in einer Pfanne in einer Mischung von Butter und Öl knusprig ausbacken.

Die Mengenangaben sind Richtmaße. Die oben genannten Zutaten ergeben ca. 20 Bratlinge, die sich gekühlt mehrere Tage halten.

Ist Ihnen das zu viel, halbieren oder dritteln Sie die Zutaten.
    Sitzen fröhliche und hungrige Esser am Tisch, ist die o. g. Menge für 3 – 4 Personen genau richtig.

… was rumliegt, muss fort …

Erbsenbratlinge

Zutaten

200 g	getrocknete Erbsen am Vorabend mit Wasser bedeckt einweichen
100 g	Zwiebeln fein würfeln
100 g	Porree fein schneiden
100 g	Möhren fein reiben
1 kleines Bd.	Petersilie hacken
1 Bd.	Schnittlauch zu Röllchen schneiden
3 geh. EL	Vollkornmehl
	Vollmeersalz
	Pfeffer
	Öl zum Ausbacken

Zubereitung

1. Gemüse sehr fein schneiden.
Die eingeweichten Erbsen pürieren. Das zerkleinerte Gemüse, Mehl und die Gewürze einarbeiten.

2. In einem möglichst kleinen Topf, ⌀ ca. 16 cm, etwa 350 ml Sonnenblumenöl mäßig erhitzen.

3. Den Teig mit einem nassen Löffel abstechen und mit den Händen zu walnussgroßen Kugeln formen.

4. In das heiße (**nicht** kochende) Öl legen und ca. 4 Minuten backen.
Sie können aber auch Bratlinge formen und in der Pfanne braten.

Tipp

Wenn Sie einen Fleischwolf haben, alle Zutaten grob geschnitten durchdrehen.
   Wenn Sie die Erbsen nicht eingeweicht haben, lassen Sie die trockenen Erbsen durch eine Getreidemühle mit Stahlmahlwerk laufen – erst sehr grob durchlaufen lassen, dann feiner und zuletzt fein einstellen. Dann das Erbsenmehl in sehr wenig Gemüsebrühe oder Wasser einweichen. Wenn Sie das trockene Erbsmehl mit o. g. Zutaten direkt vermengen, etwas Flüssigkeit einarbeiten, bis ein fester, formbarer Teig entsteht.

Falafelbällchen

Zutaten

200 g	Kichererbsen fein mahlen
80 g	Hartweizen fein schroten
500 ml	Gemüsebrühe
2	Knoblauchzehen klein hacken
½ Bd.	glatte Petersilie fein hacken
	Kräutersalz
	Harissa oder Pfeffer, frisch gemahlen
½ TL	Cumin
1 MS	Chilipulver
1 TL	Zitronensaft
	Öl zum Ausbacken

Zubereitung

1. Kichererbsen durch eine Mühle mit Stahlmahlwerk geben.
Erst sehr grob durchlaufen lassen, dann die Einstellung etwas feiner wählen, beim 3. Durchgang Feineinstellung.

2. Gemüsebrühe mit Kräutersalz und Pfeffer kräftig abschmecken und zum Kochen bringen.

3. Das Kichererbsenmehl und den Hartweizenschrot auf einmal in die kochende Gemüsebrühe schütten. Mit einem Holzlöffel gut vermengen, und unter Rühren einige Minuten kochen, bis beides gar ist.
Es gibt eine richtig dicke Masse. 15 Minuten bei geschlossenem Topf und abgeschalteter Herdplatte ausquellen lassen.

4. Knoblauch, Petersilie und restliche Gewürze unter den Teig mengen.
Nochmals 20 Minuten bei geschlossenem Topf ziehen lassen.
Kräftig abschmecken.

5. Das Öl (Sonnenblumenöl) in einen Topf mit möglichst kleinem Durchmesser (ca. 16 cm) geben.

6. Mit nassen Händen kleine Bällchen von 3 – 4 cm ⌀ formen und in heißem Öl ausbacken.
Nicht zu viele Bällchen auf einmal in das Öl geben.

… was rumliegt, muss fort …

Die Bällchen halten sich gekühlt mehrere Tage. Passen zu Salaten, aber auch als Beilage für Nudeln, Reis, Kartoffeln. Oder als Brotbelag.

Übrig gebliebenes Öl … (s. Seite 174)

Tipp

Die Temperatur des erhitzten Öls ist richtig, wenn am Stil eines hineingesteckten Holzlöffels kleine Bläschen aufsteigen.

Falscher Hase

Zutaten

300 g	Reste-Pellkartoffeln reiben oder raffeln
100 g	Haferflocken
100 g	Buchweizen fein mahlen
1	Zwiebel, mittelgroß ⎫ sehr fein hacken
2 – 3	Knoblauchzehen ⎭
100 g	Mohrrüben ⎫ fein reiben
100 g	Sellerie ⎭
1	saure Gurken ⎫ sehr klein schneiden
5	getrocknete Tomaten ⎭
	Kapern
	Curry
	Kräutersalz oder Peperonisalz
	Paniermehl
	Butter zum Einfetten
	Sesam

Zubereitung

1. Alle Zutaten mit nassen Händen gründlich verkneten.

2. Eine Brotbackform mit Butter rundum ausstreichen. Boden und Seiten mit Sesam bestreuen.

3. Den Teig formen, gleichmäßig in die Form drücken und glatt streichen. Backzeit: Bei auf 200 °C vorgeheiztem Backofen ca. 1 Stunde.

4. Danach aus der Form stürzen und servieren. Passt zu Salaten und allen Gemüsegerichten.

Hasenreste in Scheiben schneiden, in Paniermehl wälzen und in Butter/Öl braten.
    Oder als Brotbelag verzehren.
    Dazu passt Senf, Meerrettich, Remoulade, Ketchup etc.
    Oder als Einlage (gewürfelt oder in Streifen) in pikante Suppen geben.

… was rumliegt, muss fort …

Haferbratlinge

Zutaten

100 g	Nackthafer frisch flocken
250 g	Buchweizen mahlen oder ebenfalls durch den Flocker geben
150 g	Sonnenblumenkerne
250 g	Gemüsereste – was Sie haben oder was verarbeitet werden **muss** – raffeln
400 ml	Gemüsebrühe oder Wasser
	Kräutersalz
	Pfeffer oder Harissa
	Schabzigerklee
	Delikata
	Senf
	Paniermehl
	Öl/Butter

Zubereitung

1. Alle Zutaten gut vermengen, feste durchkneten. Kräftig würzen.
2. Bratlinge formen, in Paniermehl wälzen.
3. In Öl und/oder Butter hellbraun braten.

Tipp

Die Flüssigkeitsmenge nach und nach zugeben, denn sie variiert mit dem Feinheitsgrad des Mehls. Sehr fein gemahlenes Mehl nimmt mehr auf als gröber gemahlenes.

Karottenbällchen

Zutaten

250 g	Mohrrüben
250 g	Kartoffeln (roh oder Reste-Pellkartoffeln)
2 EL	Vollkornweizenmehl (oder Haferflockenreste)
1	mittelgroße Zwiebel, fein gewürfelt
1 Bd.	Schnittlauch in Röllchen schneiden
	Kräutersalz
	Pfeffer
	Muskat, frisch gerieben
	Sonnenblumenöl zum Ausbacken, ca. 350 ml

Zubereitung

1. Mohrrüben und Kartoffeln fein reiben.
Alle Zutaten vermengen, gut durchkneten, so dass eine feste, formbare Masse entsteht.

2. Walnussgroße Kugeln formen.

3. In einen kleinen Topf, ⌀ 15 – 16 cm, Sonnenblumenöl geben und nicht zu stark erhitzen. Wenn eine Karottenkugel in das erhitzte Öl gegeben wird, steigen kleine Bläschen auf.

4. Die Bällchen (nicht zu viele auf einmal) in das erhitze Öl legen, 10 – 12 Minuten backen, bis sie hellbraun sind.
Sie können aus dem Teig auch Frikadellen formen und in der Pfanne in Butter und/oder Öl braten.

Tipp

Das übrig gebliebene Bratöl abkühlen lassen und nach und nach für Soßen, Suppen und pikante Gerichte aufbrauchen.

… was rumliegt, muss fort …

Kartoffel-Gemüse-Medaillons

Zutaten

500 g	Kartoffeln mit Schale (oder Reste-Pellkartoffeln)
250 g	Gemüse: Pilze, Blumenkohl, Brokkoli, Karotten oder was Sie vorrätig haben
2 geh. EL	Grünkernmehl
1 – 2	Knoblauchzehen, gepresst oder gewürfelt
	Kräutersalz oder Chilisalz
	Pfeffer, frisch gemahlen
	Muskat, frisch gerieben
	Schabzigerklee
	Paniermehl mit Paprikapulver gemischt
	Sonnenblumenkerne
	Öl (Sonnenblumenöl) zum Ausbacken

Zubereitung

1. Rohe Kartoffeln mit der Schale raffeln, anfallenden Kartoffelsaft abpressen oder Reste-Pellkartoffeln verwenden.

2. Gemüse durch den Fleischwolf drehen oder fein reiben/schneiden.

3. Alle Zutaten gründlich durchkneten. Kräftig abschmecken.

4. Mit feuchten Händen Frikadellen formen. In Paniermehl oder Sonnenblumenkernen wälzen.

5. In erhitztem Öl in der Pfanne braten.

Kartoffel-Reis-Bällchen

Zutaten

200 g	Pellkartoffelreste reiben
200 g	gekochte Reisreste mit Mixer etwas zerkleinern
1 – 2	Knoblauchzehen ⎫ fein würfeln
1	Zwiebel ⎭
	Kräutersalz oder Peperonisalz
1 geh. TL	Curry
½ TL	Kurkuma
	Paniermehl
	Öl oder Butter (zum Braten)

Zubereitung

1. Alle Zutaten mit nassen Händen gründlich verkneten. Pikant abschmecken.

2. Kleine Bällchen oder Bratlinge formen. In Paniermehl wälzen und in Öl/Butter hellbraun braten.

… was rumliegt, muss fort …

Linsenbällchen

Zutaten

200 g	Linsen	} fein mahlen
2 EL	Grünkern	
100 g	Zwiebeln fein würfeln	
100 g	Porree in feine Ringe schneiden	
100 g	Möhren fein reiben	
100 g	Pilze klein schneiden	
100 g	Paprika fein würfeln	
1 Bd.	Schnittlauch in Röllchen schneiden	
3 Stck.	Frühlingszwiebeln (mit Grün) klein schneiden	
1 kleines Bd.	Petersilie hacken	
2 EL	Schmand	
	Vollmeersalz	
	Pfeffer, frisch gemahlen	
	Paniermehl	

Zubereitung

1. Linsen und Grünkern in einer Getreidemühle **mit Stahlmahlwerk** zu Mehl mahlen. Falls Sie eine Mühle mit Mahlsteinen haben, die Linsen getrennt in einem Mixer zerkleinern.

2. Gemüse und Kräuter sehr kleinschneiden oder durch einen Fleischwolf drehen.

3. Mit Grünkernmehl, Linsenmehl und Schmand gut verkneten.
Mit Pfeffer und Salz abschmecken.

4. Kleine Klöße formen und in einer passenden Soße bei mäßiger Hitze 10 Minuten ziehen lassen, z. B. in einer Champignonsoße oder Tomatensoße.

Variante

Linsen am Abend in reichlich Wasser einweichen.
　Am nächsten Tag Wasser abgießen, wenn nicht alles aufgesogen wurde.
　Linsen mit dem Gemüse (ohne Zwiebeln) pürieren/mixen. Grünkernmehl und gewürfelte Zwiebeln einkneten. Statt Schmand 2–3 EL Weizenvollkornmehl unter die Gemüsemasse mischen.

⟶

Bratlinge formen, in Paniermehl wälzen und in der Pfanne in Butter/Öl braten.

Bratlinge nicht zu schnell wenden. Lassen Sie ihnen Zeit, eine Bindung aufzubauen.

Dem Paniermehl können gemahlene Haselnüsse oder Sonnenblumenkerne zugegeben werden.

… was rumliegt, muss fort …

Spitzkohlbratlinge

Zutaten

480 g	Kartoffeln (oder Reste-Pellkartoffeln)
380 g	Spitzkohl
100 g	Champignons in kleine Würfel schneiden
100 g	Butter
100 g	Zwiebeln fein würfeln
6 EL	Grünkern fein mahlen
3 EL	Gemüsebrühe
1 TL	Kräutersalz
¼ TL	Pfeffer, frisch gemahlen oder
1 – 2 MS	Harissa
	Muskatnuss, frisch gerieben
	Paniermehl

Zubereitung

1. Kartoffeln kochen, pellen und durch die Kartoffelpresse drücken, abkühlen lassen (oder Reste-Pellkartoffeln reiben).

2. Spitzkohl in grobe Stücke schneiden, kurz blanchieren (mit kochendem Wasser überbrühen), abkühlen lassen und klein hacken.

3. In einer ausreichend großen Pfanne mit Deckel Champignons in Butter glasig braten. Danach die Zwiebelwürfel zugeben und einige Minuten mitbraten. Den zerkleinerten Spitzkohl und etwa 3 EL Gemüsebrühe hinzufügen. Bei geschlossenem Deckel dünsten, bis die Flüssigkeit verdampft ist (5 – 10 Minuten). Evtl. den Deckel entfernen.

4. Alles mit der Kartoffelmasse und Grünkernmehl vermengen. Mit Kräutersalz, Pfeffer (oder Harissa), Muskatnuss und Gewürzen Ihrer Wahl kräftig abschmecken.

5. Bratlinge formen (nicht zu flach drücken), panieren und in Butter/Öl hellbraun braten.

Der Spitzkohl kann durch Wirsing ersetzt werden.

Pilzfrikadellen

Zutaten

200 g	Vollkornbrötchen oder Brot, altbacken
⅛ l	Gemüsebrühe
500 g	Pilze klein schneiden
20 g	Butter
80 g	Zwiebeln würfeln
1 TL	Vollmeersalz
1	Knoblauchzehe, fein gehackt
1 kl. Bd.	Petersilie fein hacken
¼ TL	Pfeffer, frisch gemahlen oder
1 MS	Harissa
	Paniermehl/Vollkornsemmelbrösel
	Butter oder Öl zum Braten
1	Zitrone

Zubereitung

1. Brot/Brötchen in feine Scheiben oder Würfel schneiden. Mit Gemüsebrühe übergießen, aufweichen lassen. Danach Brotmasse fest ausdrücken.

2. Pilze nicht waschen, mit einer Pilzbürste säubern, fein zerkleinern. In Butter glasig dünsten. Zwiebeln hinzufügen und ca. 10 Minuten mitdünsten. Zu den Pilzen und Zwiebeln die ausgedrückte Brötchenmasse geben und kurze Zeit mitdünsten. Es sollte keine Feuchtigkeit mehr in der Pfanne sein.

3. Teig auskühlen lassen. Die ausgekühlte Masse mit den Kräutern und Gewürzen verkneten, pikant abschmecken.

4. Mit angefeuchteten Händen 8 – 10 Frikadellen formen, in Paniermehl wenden und mit Butter/Öl bei mäßiger Hitze knusprig braten.

Zitrone in Achtel schneiden und die Frikadellen damit garnieren.

… was rumliegt, muss fort …

Brotaufstriche

Apfel-Zwiebel-Schmalz

Zutaten

250 g	Butter
1	mittelgroße Zwiebel, fein würfeln
1	kleiner Apfel, entkernen, nicht schälen, raffeln
	Kräutersalz

Zubereitung

1. Ein Drittel der Butter in der Pfanne erhitzen, nicht bräunen.

2. Zerkleinerte Zwiebel darin goldbraun anbraten.
Geraffelten Apfel kurz mitbraten.

3. Restliche Butter zugeben.
Mit wenig Kräutersalz abschmecken.
Abkühlen, zwischendurch umrühren.

… was rumliegt, muss fort …

Kunterbunt

Zutaten

250 g	Auberginen	
175 g	Blumenkohl	oder alles, was weg muss, grob zerkleinern
150 g	Karotten	
125 g	Brokkoli	
1 TL	Vollmeersalz	
½ TL	Harissa oder frisch gemahlener Pfeffer	
200 g	Butter zum Braten	
1 MS	Muskatnuss	
1 MS	Nelkenpulver	
2 geh. EL	Petersilie, fein gehackt	
½ EL	Dill, fein gehackt	
200 g	weiche Butter	

Zubereitung

1. Auberginen, Blumenkohl, Karotten, Brokkoli oder andere Gemüsereste in grobe Stücke schneiden, ca. 1,5 x 1,5 cm. Mit Salz, Harissa oder frisch gemahlenem Pfeffer vermengen. In einer Bratpfanne in Butter zart (nicht braun) anbraten. Abkühlen lassen.
Auf dem Boden der Pfanne sollte immer Fett sein. Die Gemüse brennen am Boden ohne Fett zu schnell an.

2. Die angebratene Gemüsemasse gut pürieren.

3. Die weiche Butter, Muskatnuss, Nelkenpulver hinzufügen und mitpürieren.

4. Petersilie, Dill dazugeben und verrühren – nicht pürieren.
Den Aufstrich nochmals abschmecken, er sollte kräftig pikant sein.

Mandelmett
Der optische Betrüger für Nicht-Vegetarier

Zutaten

200 g	Tomatenmark
100 g	enthäutete Mandeln grob hacken
1	kleine Zwiebel ⎫ klein würfeln
2	Knoblauchzehen ⎭
½ TL	Harissa oder Pfeffer, frisch gemahlen
1 TL	Oregano ⎫
1 TL	Basilikum ⎬ getrocknet, zwischen den
1 TL	Thymian ⎬ Händen verreiben
1 TL	Majoran ⎭
2 gestr. TL	Kräutersalz
	Zwiebelringe und Petersilie zum Garnieren

Zubereitung

1. Alle Zutaten vermengen und kräftig abschmecken.

2. Wie „Mett vom Metzger" formen. So sieht es dann auch aus!
   Mit Zwiebelringen und Petersilie garnieren.

Wenn der Aufstrich einige Stunden durchgezogen ist, schmeckt er noch besser.
   Dazu ein kräftiges Vollkornbrot oder Vollkornbrötchen.

Auch dieses Rezept fand ich in den umfangreichen Unterlagen von Erika Richter. Sie amüsierte sich köstlich über mein entsetztes Gesicht, als dieses Mett auf dem Tisch stand. Es sieht tatsächlich „echt" wie vom Metzger aus.

… was rumliegt, muss fort …

Walnusspaste

Zutaten

100 g	Zwiebeln würfeln
20 g	Butter
1 EL	Olivenöl
100 g	Äpfel in kleine Stücke schneiden
70 g	Walnüsse, fein reiben oder mixen
125 g	weiche Butter
½ TL	scharfer Senf
1 gestr. TL	Kräutersalz
1 gestr. TL	Paprikapulver, edelsüß
¼ TL	Harissa oder Pfeffer, frisch aus der Mühle
2 TL	Majoran, gerebelt
1 MS	Schabzigerklee
1 MS	Curry

Zubereitung

1. Gewürfelte Zwiebeln in ca. 20 g Butter und 1 EL Öl in einer Pfanne andünsten.

2. Entkernte Äpfel nicht schälen, in feine Stücke schneiden, zu den Zwiebeln geben und mitdünsten.

3. Die Walnüsse fein mahlen oder mixen und die Apfel-Zwiebelmasse hinzufügen. Alles pürieren.

4. 125 g weiche Butter und Gewürze mit der pürierten Apfel-Zwiebel-Masse vermengen.
Abschmecken, eventuell nachwürzen.

Wirsing im Brandteig

Brotaufstrich

Zutaten für den Brandteig

75 g	Grünkern fein mahlen
⅛ l	Gemüsebrühe
1 EL	Apfelessig
½ TL	Honig
35 g	Sonnenblumenöl
½ TL	Vollmeersalz

Zubereitung I

1. Gemüsebrühe mit Apfelessig, Honig, Sonnenblumenöl und Salz aufkochen. Von der Kochstelle nehmen, das frisch gemahlene Grünkernmehl komplett in die Flüssigkeit schütten. Mit einem Holzlöffel rasch alles zusammenrühren, bis die Masse sich zu einem Kloß gebildet hat. So lange rühren, bis sich auf dem Topfboden eine weiße Schicht zeigt. Erst dann ist der Brandteig genügend „abgebrannt". Mit Deckel abgedeckt erkalten lassen.

Weitere Zutaten

200 g	Wirsing in grobe Stücke schneiden
350 ml	Gemüsebrühe zum Blanchieren
100 g	Champignons in Scheiben schneiden
100 g	Zwiebeln in grobe Stücke schneiden
4	Knoblauchzehen in feine Würfel schneiden
3 EL	Olivenöl
1 TL	Kurkuma
¼ TL	Harissa
¼ TL	Muskatnuss, frisch gerieben
	Kräutersalz

Zubereitung II

2. Die 350 ml Gemüsebrühe aufkochen. Den Wirsing damit ca. 2 Minuten blanchieren (überbrühen) und absieben. Gemüsebrühe auffangen für Soßen oder Suppen.

… was rumliegt, muss fort …

3. Champignons nicht waschen, mit einer Pilzbürste oder einem Pinsel säubern und in Scheiben schneiden.

4. In einer ausreichend großen Bratpfanne Champignons, Zwiebeln und Knoblauchwürfel **nacheinander** in Olivenöl glasig anbraten. Wirsing und 3 EL von der Brühe hinzufügen. Bei geschlossenem Deckel 5 Minuten dünsten, bis die Flüssigkeit verdampft ist, evtl. den Deckel entfernen.
Mit Kurkuma, Harissa, Muskat, Kräutersalz vermengen und abschmecken.

5. Die Wirsingmasse pürieren, löffelweise den Brandteig hinzufügen und mitpürieren.
Nochmals abschmecken. Es ist ein deftiger, köstlicher Brotaufstrich.

Restebrot

Zutaten

600 g	Dinkel	⎫
150 g	Roggen	⎬ fein mahlen
150 g	Buchweizen	⎭
100 g	Sonnenblumenkerne	
25 g	Hefe	
2 EL	Apfelessig	
500–650 g	Wasser, je nach Feinheitsgrad des Mehls	
1 geh. TL	Vollmeersalz	
	Butter	
	Sesam	

Zubereitung

1. Hefe in etwas Wasser auflösen, mit allen anderen Zutaten verkneten. Das Wasser nach und nach zufügen, bis der Teig eine formbare elastische Konsistenz hat. Nicht gehen lassen.
Backofen auf 220 °C vorheizen.

2. Die Kastenbackform rundum mit weicher Butter ausstreichen und ebenfalls rundum mit Sesam bestreuen. Den Teig hineindrücken und mit nassen Händen glattstreichen.
Backzeit: Bei vorgeheizten 220 °C eine gute Stunde.

3. Danach auf ein Gitter stürzen und auskühlen lassen. Klopfprobe machen!

Ein durchgebackenes Brot klingt beim Abklopfen der Unterseite hohl.
   Gibt es dabei einen dumpfen Ton, das Brot ohne Backform 5–10 Minuten nachbacken.

Tipp

Wer sich mit Brotbacken näher befassen möchte, findet viele Rezepte in dem Buch „Brot backen" (Gutjahr/Richter) und – wer es noch perfekter machen will – in dem Buch „Leitfaden für Hobbybäcker" von Waltraud Becker/Ute Olk, emu-Verlag.

… was rumliegt, muss fort …

Süßes

Bananenreste

Aus schrumpeligen und hinfällig aussehendem Gemüse und Obst lassen sich noch tolle Speisen zubereiten.

Unvergessen bleibt mir unsere Erdkundelehrerin Frau Seydlitz. Sie schilderte uns Schülerinnen der 7./8. Klasse, dass sie Bananen am liebsten esse, wenn die Schale braun und die Banane fast matschig sei. Die dunkle Färbung sei ein Zeichen der Reife und der damit zunehmenden Süße. Ich sehe sie noch vor mir. Bei ihrer lebhaften Schilderung lief ihr offensichtlich das Wasser im Mund zusammen, so dass sie in ihrer Begeisterung kleine Speicheltröpfchen versprühte.

Also: Reife und überreife Bananen nicht wegwerfen, sondern etwas daraus machen! Ich habe bei Bekannten erlebt, dass total gute Bananen, deren Schale lediglich braune Stellen zeigten – also reiften –, komplett in den Müll wanderten.

… was rumliegt, muss fort …

Tipp 1) **Bananen-Drink**
Bananen mit Birnen, Erdbeeren oder Obst Ihrer Wahl mixen, Wasser zugeben. Ergebnis: ein leckeres Getränk – heute heißt es ja Smoothie.

Tipp 2) **Bananen-Müsli**
Frisch geflockte Haferflocken (ca. 3 gehäufte Esslöffel) zu o. g. Mix geben, geriebene Nüsse, 1 EL süße Sahne, Zitronensaft zufügen … dann haben Sie ein vollwertiges Müsli (Frischkornbrei-Smoothie) = sättigend und gesund.

Tipp 3) **Bananen-Karamell**
1 EL Honig und 1 EL Butter in der Pfanne erhitzen bis zur leichten Bräunung (karamellisieren). Bananen, gehackte Mandeln oder/und Nüsse, Sesam, Sonnenblumenkerne, zugeben, nach Belieben etwas Zitronensaft und Apfel- oder Orangenreste … Alles einige Minuten unter Umrühren schmurgeln lassen.
    Je nach Obstmenge Honig und Butter nachlegen!
    Heiß servieren: Total lecker!

Mein Restetester Mathias hätte diese süße „Restepfanne" am liebsten jeden Tag. Er ist ein Leckermaul.

Tipp 4) **Bananen-Sorbet**
Für einen Nachtisch Bananen mit Aprikosen, Himbeeren, Erdbeeren, Ananas o. ä. mixen und gefrieren lassen.
    Oder umgekehrt: Eingefrorenes Obst mit den reifen Bananen mixen. Dann können Sie es gleich verzehren … ähnlich wie ein Sorbet.

Krokant

Zutaten

100 g   Honig
100 g   Butter
100 g   geraffelte Haselnüsse oder abgezogene Mandeln

Zubereitung

1. Unter Rühren Honig und Butter in der Pfanne erhitzen (karamellisieren). Geraffelte Haselnüsse zugeben und verrühren, bis eine homogene hellbraune Masse entsteht.

2. Mit Teelöffeln in Pralinenförmchen setzen. Erkalten lassen.

Variation

Geraffelte Mandeln oder Mandelblättchen (mit enthäuteten Mandeln sieht das Konfekt heller aus), aber auch Sonnenblumenkerne oder andere Nussarten zugeben.

Statt Pralinenförmchen, die karamellisierte Honig-Nuss-Masse in der Pfanne glattstreichen. Wenn sie gut ausgekühlt ist, in kleine Stückchen brechen.
s. Foto

… was rumliegt, muss fort …

Eis

Zubereitung

1. Frische Früchte mixen.
2. Mit geschlagener Sahne und Honig (Menge nach Geschmack) verrühren.
3. Ins Gefrierfach stellen. Zwischendurch mehrmals umrühren.

Erikas Erdbeer-Eis

Zutaten

250 g	Erdbeeren, frisch oder gefroren
450 g	süße Sahne
80 g	Honig
	Saft einer Zitrone

Antauzeit: etwa 2 Stunden
Vorbereitungszeit: etwa 20 Minuten
Gefrierzeit: 20 – 30 Minuten in der Eismaschine

Zubereitung

1. Tiefgefrorene Erdbeeren etwa zwei Stunden bei Zimmertemperatur antauen lassen – nicht gänzlich auftauen!

2. Frische Erdbeeren putzen, halbieren.

3. Die frischen oder angetauten Früchte mit den übrigen Zutaten in den Mixer füllen und 20 – 30 Minuten gefrieren lassen.
Frische Erdbeeren müssen mindesten eine Stunde in den Kühlschrank gestellt werden, sonst gelingt die Zubereitung in der Eismaschine nicht.

Sie können dieses Eis natürlich auch ohne Eismaschine herstellen. Das Ergebnis ist dann nicht so cremig.
 Die Fruchtmasse in geeignetem Gefäß in das Gefrierfach stellen. In der ersten Stunde zwei- bis dreimal mit stabilem Schneebesen durchrühren.

… was rumliegt, muss fort …

Resteverwertung...

Arme Ritter

Altbackene Brötchen, Brot, trockene Kuchen (natürlich aus Vollkorn!) in so viel Sahne-Wasser (½ und ½) einweichen, dass sie gut durchziehen können.

Danach in Scheiben oder große Stücke schneiden. Mit verquirlten Eiern übergießen.

Die einzelnen Scheiben/großen Stücke in einer Pfanne mit Butter braten. Nach Belieben Honig und/oder Rosinen zugeben.

Mit Vanille und/oder Zimt würzen.

Bananenpfannkuchen

wie unsere Tochter Martina sie macht

Reife/überreife Bananen mit Sahne-Wasser und Weizenvollkornmehl in gleichem Gewichtsverhältnis vermengen und daraus in Butter/Öl kleine Pfannkuchen backen.

Kartoffelklöße

nach einem Rezept von meiner Großmutter (Jahrgang 1888)

Zutaten

In gleichem Gewichtsverhältnis
1 Teil   Eier
1 Teil   geriebene Pellkartoffeln   } gut miteinander vermengen
1 Teil   Weizenvollkornmehl
            Vollmeersalz
            geröstete Brotwürfel/Croutons

Zubereitung

Eier, Kartoffeln, Mehl, Salz vermengen, so dass ein formbarer Teig entsteht.

Klöße formen, in die Mitte je nach Größe einen oder mehrere geröstete Brotwürfel stecken.

In siedendes Salzwasser geben, die Temperatur herunterregeln. Wenn die Klöße nach oben schwimmen, sind sie gar.

... was rumliegt, muss fort ...

Maronensuppe

Im Herbst erleben wir die Esskastanien-Zeit. Geröstete/gebackene oder gekochte Maronen schälen. Mit Wasser bedeckt weich kochen, pürieren, mit süßer Sahne und Pfeffer abschmecken. Kein Salz verwenden! Nur so viel vom Kochwasser verwenden, dass es eine sämige Suppe wird.

Tipp:
Einen Teil des Kochwassers absieben und beim Pürieren nach und nach zugießen, bis die Suppe die gewünschte Konsistenz hat.

Reisreste

indisch
Gekochte Reisreste in Butter erhitzen. Mit zerkleinerten rohen Früchten (z. B. Pfirsiche, Trauben, Zwetschgen, Aprikosen) vermengen. Mit reichlich Curry und Pfeffer würzen.
  Auch Vanille und Zimt kann als Gewürz dazugegeben werden.

Alternativ kann statt Obst auch Gemüse verwendet werden.

In letzter Minute lieferte Heide Hensel aus Bockhorn diese Rezeptvorschläge.

Lebensleiter

Ein Mensch gelangt, mit Müh und Not,
Vom Nichts zum ersten Stückchen Brot.
Vom Brot zur Wurst geht's dann schon besser;
Der Mensch entwickelt sich zum Fresser
Und sitzt nun, scheinbar ohne Kummer,
Als reicher Mann bei Sekt und Hummer.
Doch sieh, zu Ende ist die Leiter:
Vom Hummer aus geht's nicht mehr weiter.
Beim Brot, so meint er, war das Glück. –
Doch findet er nicht mehr zurück.

Eugen Roth

… was rumliegt, muss fort …

Ein Verlag, ein Haus, eine Philosophie.

Millionen Bundesbürger kennen den kämpferischen Ganzheitsarzt Dr. Max Otto Bruker (1909–2001) aus dem Fernsehen, aus Vorträgen, durch den „Mundfunk" überzeugter Patienten. Vor allem lesen sie aber die rund 30 Bücher des schwäbischen Humanisten und Seelenarztes. Mit einer Gesamtauflage von mehreren Millionen Exemplaren ist Max Otto Bruker der wohl bedeutendste medizinische Erfolgsautor im deutschsprachigen Raum. Der – in der Nachfolge des Schweizer Reformarztes Bircher-Benner scherzhaft „Deutschlands Vollwertpapst" genannte – Massenaufklärer, langjährige Klinikchef und Ernährungsspezialist lehrt zwei fundamentale Erkenntnisse Patienten wie Gesunden: Der Mensch wird krank, weil er sich falsch ernährt. Der Mensch wird krank, weil er falsch lebt.

Hinter den Erfolgstiteln des emu-Verlages steht ein bedeutender Forscher und Arzt, eine Bewegung, ein Haus und tausende Schülerinnen und Schüler. 1994 wurde das „Dr.-Max-Otto-Bruker-Haus", das Zentrum für Gesundheit und ganzheitliche Lebensweise, auf der Lahnhöhe in Lahnstein bei Koblenz bezogen. Es stellt die äußere Krönung des Brukerschen Lebenswerkes dar: Der lichte Bau mit seinem Grasdach, den Sonnenkollektoren, seinen Seminarräumen, dem Foyer mit der Glaskuppel, dem wunderschönen Brukergarten mit Kneippanlage, Raum der Stille, Naturwald und Lehrpfad sind als Treffpunkt für all jene konzipiert, denen körperliche und seelische Gesundheit, ökologische und spirituelle Harmonie Herzensbedürfnis und Sehnsucht sind.

Hinter dem eleganten Halbmondkorpus mit dem markanten Grasdach verbirgt sich eine Begegnungsstätte für Gesundheitsbewusste, Seminarteilnehmer, Trost-, Ruhe- und Anregungsbedürftige.

Feste Termine:

Jeden Montag, 19.00 Uhr: Gesprächskreis Lebenskrisen mit Hassan El Khomri, Dipl.-Psych./Psychologischer Psychotherapeut
Jeden Dienstag, 18.30 Uhr: Vortrag Dr. phil. Mathias Jung (Lebenshilfe und Philosophie)
Jeden Mittwoch, 10.30 Uhr: Fragestunde mit Dr. med. Jürgen Birmanns (Ärztlicher Rat aus ganzheitlicher Sicht)

Ausbildung Gesundheitsberater/in GGB
Lebensberatung/Frauen-, Männer- und Paargruppen

Die vitalstoffreiche Vollwertkost hat ihre Verbreitung, auch im klinischen Bereich, durch die unermüdliche Information und praktische Durchführung von Dr. M. O. Bruker gefunden. Um die Erkenntnisse gesunder Lebensführung und die durch falsche Ernährung provozierte Krankheitslawine ins öffentliche Bewusstsein zu rücken, bildet die von ihm 1978 gegründete „Gesellschaft für Gesundheitsberatung GGB e.V." ärztlich geprüfte Gesundheitsberaterinnen und Gesundheitsberater GGB aus. Über 5000 Frauen und Männer haben bislang die berufsbegleitende Ausbildung bestanden und wirken in Volkshochschulen, Bioläden, Lehrküchen, Krankenhäusern, ärztlichen Praxen, Krankenversicherungen und ähnlichen Bereichen.

Auf der Lahnhöhe erhalten Sie durch das GGB-Expertenteam nicht nur eine sorgfältige Grundlagenausbildung über die vitalstoffreiche Vollwerternährung und den Krankmacher der „entnatürlichten" (denaturierten) Zivilisationsernährung (raffinierter Fabrikzucker, Auszugsmehle, fabrikatorische Öle und Fette, tierisches Eiweiß usw.), sondern gewinnen auch Einblick in die leibseelischen Zusammenhänge der Krankheiten.

Anfragen zur Gesundheitsberater-Ausbildung wie zu den Selbsterfahrungsgruppen, Lebensberatung, Paartherapie und Psychotherapie bei Dr. Mathias Jung und Psychologischer Psychotherapeut Hassan El Khomri, zu weiteren Tages- und Wochenendseminaren sowie Einzelberatung sind zu richten an die

Gesellschaft für Gesundheitsberatung GGB e.V.,
Dr.-Max-Otto-Bruker-Str. 3,
56112 Lahnstein
(Tel.: 0 26 21/91 70 14, 91 70 10, 91 70 17, 91 70 18,
Fax: 0 26 21/91 70 33).
E-Mail: seminare@ggb-lahnstein.de
Internet: www.ggb-lahnstein.de

Fordern Sie ebenfalls ein kostenloses Probe-Exemplar der Zeitschrift „Der Gesundheitsberater" an.

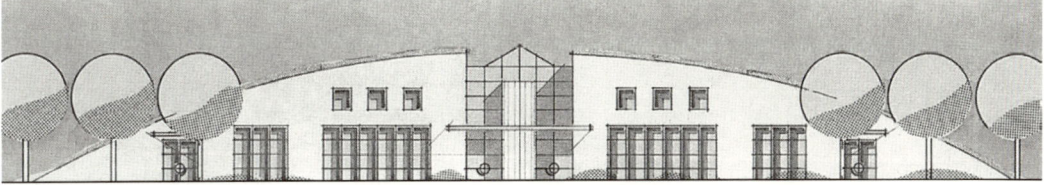

Das Dr.-Max-Otto-Bruker-Haus

Empehlenswerte Bücher zum Thema aus dem emu-Verlag

Dr. med. M. O. Bruker
Unsere Nahrung – unser Schicksal
ISBN 978-3-89189-003-5

Ilse Gutjahr
Einfach raffiniert
ISBN 978-3-89189-099-8

emu Verlags- und Vertriebs-GmbH
Dr.-Max-Otto-Bruker-Str. 3
56112 Lahnstein
Tel. 0 26 21 - 91 70 10 u. -12
Fax 0 26 21 - 91 70 33
info@emu-verlag.de

Ilse Gutjahr | Erika Richter
Streicheleinheiten
ISBN 978-3-89189-063-9

Ilse Gutjahr | Erika Richter
Mehr Streicheleinheiten
ISBN 978-3-89189-170-4

Ilse Gutjahr | Erika Richter
Brot backen
ISBN 978-3-89189-113-1

Ilse Gutjahr
Das große Dr. M. O. Bruker Ernährungsbuch
ISBN 978-3-89189-065-3

Ilse Gutjahr
Vollwertkost zum Kennenlernen
ISBN 978-3-89189-075-2

Ilse Gutjahr
Vollwertkost ohne tierisches Eiweiß
ISBN 978-3-89189-019-6

Ilse Gutjahr
Iss, mein Kind!
ISBN 978-3-89189-064-6

Gertrud Gummerer | Wilma Taibon
HochGenuss
ISBN 978-3-89189-171-1

Ilse Gutjahr
Mit Vollkorn in Bestform
ISBN 978-3-89189-203-9

Ilse Gutjahr | Christel Beck
Einfach selbst gemacht
ISBN 978-3-89189-206-0

Margarete Vogl
Kleiner Wildkräuterführer
ISBN 978-3-89189-198-8

Andrea Lohaus
Kinder können kochen
ISBN 978-3-89189-219-0

Helma Danner
Das große Bio-Kochbuch für Kinder
ISBN 978-3-89189-192-6